夏耘集

郭浩 杨根平 孙鹏 ◎ 主编

吉林人民出版社

图书在版编目（CIP）数据

夏耘集 / 郭浩，杨根平，孙鹏主编. —长春：吉林人民出版社，2020.10

ISBN 978-7-206-17595-4

Ⅰ.①夏… Ⅱ.①郭… ②杨… ③孙… Ⅲ.①散文集—中国—当代 Ⅳ.①I267

中国版本图书馆CIP数据核字（2020）第194235号

夏耘集
XIAYUN JI

主　　编	郭　浩　杨根平　孙　鹏	封面设计：言之凿

责任编辑　郝晨宇

吉林人民出版社出版发行（长春市人民大街7548号　邮政编码：130022）

印　　刷　北京政采印刷服务有限公司
开　　本　787mm×1092mm　　1/16
印　　张　16　　　　　字　　数：288千字
标准书号　ISBN 978-7-206-17595-4
版　　次　2022年6月第1版　　印　　次：2022年6月第1次印刷
定　　价　45.00元

如发现印装质量问题，影响阅读，请与出版社联系调换。

编委会

主　编：郭　浩　杨根平　孙　鹏

编　委：吴　倩　程　露　连　郁　王招妮　马　杰
　　　　张小平　吴晋民　张巩曦　王彩霞　吴　琼
　　　　胡晓华　李　莉　苏亚丽　贺建楠

前 言

"往事如风去，而今又春耕"，我将这句话用在了名班主任工作室汇报的结尾。细想起来，工作室走过的五个年头中，有很多值得记忆的感动和值得学习的努力。在一次活动后的相聚中，我依稀记得自己将春耕、夏耘、秋收、冬藏的文字四部曲的愿望跟大家豪迈地分享，大家纷纷表示赞同和坚定支持。谁知这愿望的热度并不容易保持，就像春天虽然绿意遍野，却也人困眼乏；夏天虽然鲜花烂漫，仍有暑热难耐。世间之事总是知易行难，这从春到夏，我们走了四年。

如果说《春耕集》是一本以工作室成员最初的积累而凝结成的书，那么《夏耘集》就是在记录成长。"人事有代谢，往来成古今"，五年间，工作室有了新陈代谢，也有了成员老师们各自不同、高低错落的成长与发展。每一位老师都是鲜活而又个性的，在实践中磨炼，在反思中成长，我们可以通过不同的文字透察出来。有的老师成了领导，更大幅度地服务老师与学生；有的老师成了教学骨干，开始了指导年轻教师的成长之路；有的老师虽屡获优秀，但在名利之下却依然坚守平凡；有的老师年轻有为，积极进取，发展自己。我喜欢这份平凡，因为平凡即自然，让那些背后的努力默默化为造福于学生的春风，让辛苦化作教育的自然而然，我们也和学生一同在四季中成长。

不同于《春耕集》，这本书中的案例和随笔并没有严格按照哪一个版块去区分，而是融合在一起展现在读者面前。这正应对了我们的班主任工作头绪多，工作种类多，方式方法多而不同。每一个学科都有一本教学参考，但唯独班主任工作没有。在不同个性和风格的班主任的引领下，每一个班级和学生也呈现了不同的状态，但只要是积极向上而又充满热情、能够帮助学生成长的方法，就都是好的经验，因此很多文章都是实践中有反思、感受后去实践的。

随着工作室的发展，我也被聘为其他两个班主任工作室的指导老师，自己也倍感压力之重，无论就精力还是能力而言都不足以担起重任，既然能不配位，就只好多求于细小和平凡，从反思起，从小事起，从读书起，从写作起。在看不清方向的时候，我习惯于用最笨的办法去做最基础的事，最起码可以做好经验的积累。可喜的是，两个工作室的领衔班主任（吴琼和胡晓华老师）也都有文章收录于书中，如果这样的习惯可以传承下去，那一定可以帮到更多的老师。

编写本书的时候，中国科学院兰州分院中学马杰老师不舍昼夜，编稿、校稿，其认真负责的态度和对于高科技工具的掌握常常让我汗颜，相信这段经历也是年轻教师的一份难得的财富。工作室的核心成员杨根平、孙鹏、吴倩、程露为本书的编写奉献了两万字以上的个人积累，也正印证了工作室"以写立身"的初衷。不实践怎么有思考？不思考怎么能写作？不写作怎么能反思？就在这样的循环中，我们奋战在班主任工作的第一线而乐此不疲。

《夏耘集》又是一个节点，让我们小有所得，带着信心可以继续展望未来，不知道我们的秋天还要历经多久，但就像小河流水一样，只要源头活水不断，日积月累，我们便可以在过程中收获成长。

郭 浩

庚子春写于兰州

目 录

上篇 教育叙事 \ 1

守护孩子的自尊心 \ 3
一路芬芳 \ 7
礼物风波 \ 12
默默倾听 静待花开 \ 15
微笑，让学生亲近你 \ 17
我愿意跟他坐 \ 20
那个向你告状的孩子 \ 22
小倩来电话了 \ 25
"熊孩子"背后的"熊父母" \ 28
力争关注每一位学生 \ 31
被"绑架"的伤员 \ 34
你只高看一眼，他会胜人一筹 \ 38
爱是教育的灵魂 \ 41
一堂难忘的班会课 \ 44
师生交融 \ 48
松开了，攥紧的拳头 \ 50
真诚以待，做好亲子沟通的桥梁 \ 52
建立良好师生关系 \ 55
"心"教育 \ 58

我的叔叔 \ 61

我是你身后的力量 \ 63

别着急，慢慢来，先改变自己 \ 66

鼓励比批评更需要 \ 69

初三，让我与你同行 \ 71

我想更懂你 \ 74

爱就是教育，教育就是爱 \ 76

春风化雨 \ 79

"鲁达"不鲁 \ 82

从"三句半"到"白天鹅" \ 86

下 篇　教育随笔 \ 89

静静地坚守 \ 91

你我之间的距离，是多远才最好？\ 95

我的"三件法宝" \ 98

做麦田的守望者 \ 102

用爱浇灌童真的心灵 \ 106

榴梿的味道 \ 109

做世界上最美的种子 \ 112

关爱学生，从"心"开始 \ 116

班主任的"诗意和远方" \ 119

落在手掌心的戒尺 \ 122

走近"你"，走进"你" \ 125

我的英语教学故事 \ 127

用爱为孩子的成长架设桥梁 \ 131

心中有爱 \ 134

最好的改变 \ 136

期中考试之前的小纸条 \ 141

爱的教育 \ 143

失败的公开课 \ 145

向名师学习，合理规划自己的教育生涯 \ 147

怎样做好一个班主任 \ 151

做快乐智慧的班主任 \ 154

最好的我们 \ 166

鲜花在路旁，我们在路上 \ 169

慢，慢，来…… \ 173

我的校园尴尬了谁 \ 175

带着微笑进课堂 \ 178

做孩子们的好朋友、知心人 \ 181

一节安静的公开课 \ 183

用爱温暖学生的心 \ 185

带着家长一起动 \ 188

校园春风 \ 190

责任心 \ 192

正确处理"早恋"问题 \ 194

借我一个支点 \ 195

用心陪伴，播撒希望 \ 201

表扬比批评更有力量 \ 206

让学生在鼓励中成长 \ 208

让我悄悄对你说 \ 210

笔谈式交流，做好学生的"倾听者" \ 213

成长的动力：学习 \ 217

假如我们还可以选择…… \ 219

我们不应该为了别人的看法而活着 \ 224

因为选择才有意义 \ 226
认识你自己 \ 228
用爱心去引导 \ 231
对主题班会的一点思考 \ 233
教育是一个互相感动的过程 \ 235
课堂之外的教育 \ 237
用爱播种希望，用心放飞理想 \ 240

后 记 \ 243

上 篇
教育叙事

守护孩子的自尊心

兰州市第二十二中学　程　露

刚参加工作的那几年，每当接手初一起始年级时，常常会在教学过程中遇到许多棘手难办的问题，如2007年秋季开学我接手了初一年级的一个班，对于学生在小学期间到底有多少基础，哪些该教，哪些是重复的无益教学等，一开始我都不是很了解。经过一段时间的彼此适应和同年级老教师们的帮助，我发现少数学生在学习上是存在一定困难的，包括他们的学习基础和学习方法，还有对英语学习的重视程度，都有一定的偏差，学生的英语水平也参差不齐，这使得班级的整体英语成绩都不高。

在教学过程中，我发现初一年级这个年龄段的学生自尊心是比较强的，当然在学生的成长过程中，也没有比自尊心更重要的了。育人工作是一项用心交换心的工作，用"随风潜入夜，润物细无声"来形容我们对学生的教育是再恰当不过了，只有让学生体会到我们是关心他的，我们是从心里想要帮助他的，才有可能震撼学生的心灵。在学习过程中，既要保护学生的自尊心，又要尽快提高学生的英语水平，这就要求教师善于通过鼓励来帮助学生建立积极的心态，建立对自己的自信心。"老师相信你可以做到的！"这也是我对学生说得最多的一句话。尽量把外力变为内力，把"要我学"变为"我要学"，提高学生的学习兴趣和学习效率，这样学生就能不停地前进，取得意想不到的可喜成绩。在这个过程中，我所经历的一件事也让我更坚定了这一信念。班上有一部分学生在英语学习中存在很大的困难，懒于学习又不能及时完成作业，有的即使勉强完成作业，质量也不高，让他们回去做背单词之类的作业，他们就索性当成没作业。对于他们，我除了采取一些适合他们特点的教学方法外，主要还是从"心"上着手，对他们采取经常鼓励、表扬的方式，尽可能多地给他们帮助，让他们树立自信，放大他们的优点，从而使他们逐渐提高学习成绩。

记得有一次，晓畅同学在英语单元测验中仅得了60多分，他接到卷子后随手揉成了团扔到书桌里。这一情景恰巧被我看到，当时我很生气，于是我把他叫到教室外面询问原因，他理直气壮地说："我考得太差了，我不想学了！"由于他的语气不好，我针对他这种行为的随意性把他训斥了一顿。他哭了，哭得很伤心，我问他有什么理由这么伤心，他说："我这样做不是针对老师，只是很生气自己怎么这么不争气。"就在这一瞬间，我感到我面前站着的这个学生有很强的自尊心，也意识到自己这种冲动的大声斥责可能是徒劳无益的，同时，我内心产生了一种慈爱之心。于是，我把他拉到办公室里坐下，免得被别的学生看见，然后让他把眼泪擦干，说道："你考不好知道生气，说明你很要强。其实你在英语课上也是听讲的，最近是不是压力太大了呀？"他点点头。于是我开始指导他如何克服各科带来的学业压力，如何最快地取得进步，我从英语的语言特点到英语学习的重要性，到学习方法，一一向他做了介绍，并根据他的实际情况给他布置了每天的学习任务，还一再鼓励他，最后，他非常感激地回到教室。

接下来的一个多月，我始终注意观察他的听课状态，发现他不再像以前那样闷闷不乐，而是非常积极地参加各项活动。有一天，我在走廊上问他："本周的英语考试你打算考多少分呀？"他很自信地回答说："我想考85分！"因为他的基础太差，又经常不按时完成作业，以前考试最好的成绩也从未超过70分，所以当听到他有这样的想法之后，我很高兴地点了点头。刚想开口表扬他时，只听到走过来的同班学生，带着嘲笑的口气说："他还能考80多分？老师别相信他。"周围的学生也都跟着笑了起来。当时就看他的脸唰地红了，想反驳，最后却把头深深地埋了下去。看着他难过的样子，我的心又跟着纠结起来，他的样子让我的心在一瞬间好像也受到了严重的伤害，难过起来。他当时那自卑窘迫的样子至今都好像仍在我眼前。于是我赶紧微笑着摸着他的头说："同学们都不相信你能考上80多分，但老师相信你可以的！争气，努力，有什么不懂的马上问，这周考个好成绩来向大家证明，你是个聪明的孩子、求上进的学生，好吗？"他抬起头红着眼眶狠狠地点着头说："嗯。老师，我一定能考85分的！"从那天起，他每天都会把当天上课的内容在笔记本上整理好交给我，让我帮助他纠正其中的错误，作业的质量也提高了很多。看着他的努力我很高兴，也更坚信他能考出一个好成绩。果然在那次的周测验中，他考了80多分，所有的同学都对他刮目相看。我主动找到他，给他分析试卷失分的原因，又鼓励他说："看，你其实是很棒的，相信你自己，下次一定能考得更好，大考的题目比我们平时考试的简单多了。"他摸摸后脑勺，笑了。初一上学期的期末考试满分120分，他顺利取得了91分的好成绩，这对他，一个在刚进校时情绪低落、缺乏自信的学生来说，是多么不易啊！

　　我从内心对他的认真、执着感到高兴，我与他共同分享着成功的喜悦。我的喜悦，并不是因为他期末考试取得的分数，而是因为这是在我为人师的过程中，对我的付出的回报，更使我认识到教师的言传身教对学生的影响是多么重要。我细致耐心地教导和鼓舞，使他从掉队的边缘走向成功；我的几句话，成为他努力学习的永久动力。可见，教师在学生遇到困难时，设法去点燃学生心灵的火花，会使学生受益终身。有时教师的一句话，会关系到学生的一辈子。一句鼓励的话，使他学习的积极性提高了不少，同时也在一定程度上带动了班级里后进生的学习积极性。由此，我也深深感悟到：每个学生的内心都有可能存在着羁绊学习的压力与创痛，作为教师，我们应该善于理解，给学生的心灵以及时的抚慰。但是，在实际教育教学中，对学生的行为，我们常常是凭自己的感觉去评价，不去体验孩子那一颗颗纯真稚嫩的心，因而有时会曲解他们的言行，使他们受到委屈，而学生由于不被理解也容易失去前进的动力。要解读学生这本书，需要我们满怀爱心与热情去触摸学生的心灵，尽可能给学生更多的理解。关爱学生，尊重学生，宽容学生，我们就能找到开启学生心灵的钥匙。

　　我想，让一个人真正转变的并不是烦琐的说教，有时可能就是这样几句鼓励的话、一个没有任何偏见的眼神、一个宽容的怀抱。教育的力量往往就是这样，看似简单却又能让人记住一辈子。现在整个班级的英语学习氛围比开学时浓厚了很多，总体成绩也提高了不少，相信更大的进步在前面等着他们。

　　教育家艾玛逊指出："教育的秘诀在于尊重。"教育实践也已并仍将证明：尊重学生自尊心是一种富有鼓舞作用的教育方式，是教育成功的一把钥匙。让我们每个人都铭记教育家的这句话，在实践中去尊重学生，让每个学生都昂起头、挺起胸，阔步向前，不断取得更大的进步和成就。即使有了缺点错误，他们自己也会感到羞愧，同时产生知错就改的动力。所以，尊重是做人之本，尊重是一种修养，保护和尊重学生的自尊心更是教师的一种品格。

一路芬芳

中国科学院兰州分院中学　杨根平

从别人那里，我们认识了自己。

——题记

蓦然回首，走上讲台已整整14个年头了，多少载风雨无阻读诵诗书，几度春秋激浊扬清传正声，似水流年中那些温暖的记忆点点滴滴缀成了人生的珍珠。每念及此，流年浅唱，人生就这样被瞬间凝望，我的感念汇聚成河，流淌在这一路芬芳的故事里……

一、父亲·背影

人生幸福事之一莫过于得天下英才而教之，做教师的对此感触尤其深刻。

多年前的周一我和学生们学习了朱自清的散文《背影》，只是简单地开了个头，聆听了一首《父亲》，不曾想这样简单而又仓促的一节课却引起了不少学生的共鸣，小曹同学就是其中之一。她在课后的读书笔记中这样写道："这是我第一次连续花两个小时写了超过两千字的文章，或许它不够优美、不够凝练，但它足够真实、足够感人，边哭边写，边写边哭，幸福与辛酸交织在一起……"叶圣陶先生说这篇文章通体干净，没有多余的话，也没有多余的字眼，即使一个"的"字，一个"了"字，也必须用力。傅雷先生曾经这样教导儿子傅聪："你若同情天下人，何不从自己的父母开始呢？"朱自清先生用白描笔法和足够的真情为国人勾勒了一位"国民父亲"的形象，真实得要命，感人肺腑，力透纸背，身为"父亲"的子女，有几个人能不为之动容——无情未必真豪杰，怜父如何不丈夫？

后来，在国外求学的小曹同学，在给我的书信中不止一次深情地写道：

……虽然毕业了，但是还是请允许我称呼您一声"根哥"，因为这三年中和您快乐相处，您对于我的鼓励，尤其是一句句发自肺腑的作文批语，我会一直铭记和感激。您更是我遇到的第一个如同大哥哥般的老师，我说想和您做朋友，把您当作我的大哥哥，您真的是这样做的。再次谢谢您真的把我当作朋友，当作妹妹，您让我感到了一种久违的亲切感！三年来，我们快乐长大，走向成熟……我从未想过刻意恭维谁，只是想在相聚与离别的罅隙中道出我的感激……根哥，求学至今，走南闯北，最不能忘记的就是您当年告诉我——做一个有思想的人！或许这是我今天能够收获的巨大精神动力。您作为老师最与众不同的就是跳出了不少老师纠结一生的"分数"圈子，而成功地将"思想"种子培育在每一个学生的心里，让其生根、发芽而从此茁壮一生……

原来，在初一下半学期，小曹同学和其他步入青春期的孩子一样，叛逆张扬，面对父母的唠叨大都感到非常恼火，于是就在作文中大肆倾泻她现在无尽的苦恼，并历数父母的种种"罪行"。于是我就借写作文批语的机会，和她进行了一番又一番的文字交流：

小曹同学，老师很感谢你能把我当作大哥哥而一吐真言。蓦然回首……我们的父母也一样，也曾经和你我一样年轻过，他们的酸甜苦辣有谁能深深地理解？他们又该向谁抱怨呢？

……相信，太阳每天都是新的，不管怎样看风看雨，父母天生就是义无反顾地爱着我们的，我们还徘徊、抱怨什么呢？让我们认真地过好每一天，怀抱着希望奔向太阳，努力理解他人，学会对每一个人会心微笑……

近两页半的批语让曹××同学再一次认识到了为人父母的不易，从此，她走出了个人的小天地，在以后的学习和生活中和父母融洽相处。这一刻，我明白，只要怀揣一颗赤子之心，守护着爱的灵魂，每一篇课文、每一页批语就充满了温情和热度，我们的校园里也自然洒遍了阳光与芬芳。

十年后再来读这样一封封饱含真情的学生来信，我想，爱出者爱返，福往者福来。诚斯言哉！每每看到学校门口一个个背着书包再三叮嘱、送儿女上下学的父亲母亲，我的眼前总会禁不住浮现出朱自清笔下那个戴着黑布小帽，穿着青布棉袍、黑布马褂的背影。

二、花儿·少年

一花一世界，一树一菩提，每一个孩子都是一个世界。

做教师这么多年来，谁的身边没有这样一些别样绽放的花朵？谁的教室里没有几个特别的少年？童话大王郑渊洁说过，"教育一个孩子至少要有几十种方法"，意思是说教育就应该承认并接受孩子的差异性。

和小杜同学相伴三年的经历的确值得我思考一辈子。

那个上课时经常睡觉的小杜同学就是一个与众不同的孩子。从初一到初三，他平均每学期迟到不下50次，旷课也不少于50节……然而，就是这样一个被不少师生一致认为"有毛病"的孩子，在2012年的兰州市中考中取得了597.5分的好成绩，顺利地被兰州某省级示范性高中录取。这究竟是怎么一回事呢？

原来，小杜同学本身很聪明，但有一个大问题——嗜睡。无论什么课，无论早晨还是下午，开课不到十分钟他便可以呼呼睡去，以致各科教师对我这个班主任大发雷霆，要求我无论如何也要把这个学生劝回家去"看病"。经过再三权衡，我决定"特事特办"，给予这个学生特别的"豁免权"——任由他每天什么时候睡醒什么时候再到校，虽然这样做使我的班级目标管理分几近于零。可喜的是，我的这种办法反而使这个孩子在以后的生活中有了变化，睡觉的次数似乎较以前少了。2012年农历正月初十，作为班主任，我特意到小杜同学家进行了一次"别有用心"的家访，以期通过和家长的深度交流，抓住初三最后一个学期这根"稻草"，促使孩子尽最后的努力，取得最有可能的进步。出乎所有人意料的是，小杜同学在4月11日兰州市"一诊"考试中竟然以587分的成绩实现了"惊天逆转"，一时间几乎惊呆了班级所有人……或许，小杜同学就是百花园中那一朵花期与众不同的花罢了！在其他花朵尽情开放的时候，他正在努力地积蓄着自己的养料，耐心地等待着属于自己的季节来临，等季节一到，也就自然而然地绽放出了别样的精彩。

时过境迁，这位学生的故事时常在我心头萦绕，这三年，我们的校园到底给予了小杜同学什么呢？我又为他做了些什么呢？

播下阳光雨露，然后静待花开。你若盛开，馨香自来。

教师应该是一个播种者，我愿自己是阳光，是雨露，在每一个日出日落、迎来送往的日子里播洒在每一朵怒放的生命之花上！

三、守护·幸福

犹记得2009年我捧着兰州市教学新秀的奖杯时全班73名学生击桌敲凳欢欣鼓舞的热烈；犹记得2012年毕业典礼时学生们亲切地欢呼"根哥，根哥，我们爱你！"的壮观场面；犹记得2013年教师节全班89人在一张大红纸上粘贴了所有学生的祝福小纸片时的春风扑面……我深知，这种种令人无法言语的小幸福就是我不断前行道路上的指路明灯。

是啊，细细咀嚼，慢慢思品，此情此谊，怎一个"幸福"了得？

源头之石，往往改变了河流的走向。十几年来，我始终被这样的小幸福包裹着、快乐着。自2007年所带第一届学生毕业开始，每逢中考，从城关到安宁，从安宁到西固，雷打不动的是我都无一例外地奔赴兰州市各大高中的校门口，和绝大多数陪考送考家长一起送学生们几句祝福，嘱咐嘱咐考试注意细节，给他们一个个拥抱、一次次握手，目送学生们走进考场，头顶烈日、脚踏炙土，站在校门口迎接学生们走出考场。2007年、2009年、2012年、2015年、2018年，师大附中，兰炼一中，兰州二中、三中、五中……我已经陪考了五届学生，送考了近千名学生。家长们和学生们都说我单薄的身影早已定格成中考门前一道温暖而又令他们安心踏实却终生难忘的风景。学生们还说："有根哥在，我们一定旗开得胜！"家长们说："杨老师让我们既感动又羞愧……"十多年的光景不经意间过去了，才发现我用心守护着的这一片园地中，不论是玫瑰花，还是丁香花，不论是松柏树、苹果树或一株小草，它们都已经肆意生长，百花竞艳，葳蕤茂盛。倏忽间我已到不惑之年，学生们还亲切地叫我"根哥"，每天和他们一起穿梭在校园里，我甘之如饴、幸福无比。

记得读过的一篇小说《晚霞消失的时候》中有这样的文字："人在自己一生的各个阶段中，是有各种各样的内容的。它们能形成完全不同的幸福，价值都是同样的珍贵和巨大。幼年时父母的慈爱，童年时好奇心的满足，少年时荣誉心的树立，青年时爱情的热恋，壮年时奋斗的激情，中年时成功的喜悦，老年时受到晚辈敬重的尊严，以及暮年时回顾全部人生毫无悔恨与羞愧的那种安详而满意的心情，这一切，构成了人生全部可能的幸福。它们都能给我们带来巨大的欢乐，都能在我们的生活中留下珍贵的记忆……"

是啊，一届又一届的学生注定都会离我而去，而我送考陪考的故事还会延续，我再不多谈"没有爱就没有教育""教育就是一棵树摇动另一棵树，一朵云推动另一朵云，一个灵魂唤醒另一个灵魂"等神圣的理念，我只是想在他们人生最关键的十字路口为他们指引一条路，或者找到一个出口，或者再陪他们多走几步，或者在夜深人静的时候告诉自己：同学们，你们尽情去飞翔吧，我一个也没有忘记。仅此而已！

这一生我们都携花而来，就让学生们随香而去。在温柔的期望和祝福里，把青春经营成一片绿洲，让年轻的日子开出似锦繁花。

礼物风波

兰州市宁卧庄小学　王彩霞

"下面我们互抽新年礼物！"主持人激动地宣布。

我们的元旦联欢会到了最激动人心的互送礼物的环节，孩子们排着队，抽取礼物的号码。另一边，负责派送礼物的中队干部，按照号码送上了包装好的礼物。教室里洋溢着快乐的气氛，看着孩子们一张张激动的脸，我也感到无比的幸福。这是我们六年级的元旦联欢会，朝夕相处六年的孩子们在小学阶段最后一个元旦来临之际，自主排演了这次联欢会，而且将互送礼物作为保留节目。组织这一活动的中队长要求每个愿意参加互送礼物环节的同学准备一份礼物，并且编号，在活动过程中抽取号码，随机得到同学的礼物。这个主意被提出来的时候，孩子们特别兴奋，我也觉得特别有意义，支持孩子们以这样的方式为自己小学六年的生活画上重重的一笔，为彼此留下一个美好的回忆。

正当孩子们兴奋地交头接耳、互相欣赏礼物的时候，一个小姑娘拿着一个小小的铁盒走到我的面前，满脸委屈地撇着嘴。只见她手里拿着一个心形的小铁盒（礼品店里可以买到的那种，在婚宴上我们也经常会见到，可以用来装糖果瓜子）不高兴地说："王老师，我精心地为同学们挑选礼物，还包装了，可是我抽到的就是几块糖和瓜子，怎么办呢？"

看着小姑娘失落的神情，我一下子觉得送出这份礼物的孩子真的有点不近人情，在敷衍这次活动，在敷衍别的孩子们。于是，我不假思索地说："去查一下，这是谁准备的礼物，把它悄悄地退回去。"教室里依然洋溢着欢乐的气氛，这个小姑娘后来也抽到了喜欢的礼物。互送礼物环节结束后，热心的家长送来蛋糕，孩子们齐唱生日歌，欢庆自己12岁的到来。夜幕降临，孩子们才依依不舍地离开教室。

我望着一个个离开教室的激动愉快的身影，也心潮澎湃。我坐在教室里，静静地回味着让人激动的元旦联欢会，回想着和这个班孩子在一起的近6年生活。就在这时，手机铃声响起，原来是一位家长打来的。从她张口说第一个字就能感受到这位妈妈非常生气，我吃了一惊，马上从快乐的回忆中清醒过来。家长向我抱怨，她家的孩子一回家就开始哭闹，因为她为同学准备的礼物被退了回来，就算是小小的铁盒子，也是孩子非常喜欢的、精心挑选过的，里面装的糖果是她最喜欢吃的，里面装的瓜子、花生更是一粒一粒挑选过的。就在她叙述的过程中，那个小小的铁盒子又浮现在我的眼前。就在刚才，我没有经过考虑，让小姑娘把那份礼物退回去了。原来，它的小主人是她，那个带着怯怯的表情的小姑娘。只听妈妈大声地说："我们没有时间帮孩子买礼物，这是孩子精心准备的礼物，怎么能被这样退回来呢？到底是谁退回来的？我要打电话问问她为什么！"妈妈反复强调，她一定要知道那个退回礼物的孩子是谁，要向她讨个说法。

"是谁退回来的？这个礼物是谁退回来的？"妈妈一声声地大声问着我，我也在问自己。"是我让她退回去的。"我坦诚地对这位妈妈说。同时，我一下子觉得愧疚起来，是呀，不管是有价值的商品，还是一个小小的铁盒，不管是经过精美的包装，还是只是几块糖和几颗瓜子，那都是孩子的一片心意呀！她满怀期待参与互送礼物活动，我怎么能漫不经心地说退回去？这对一个12岁的孩子是多大的伤害？当我逐渐冷静，意识到这一点后，非常诚恳地认真地对这位家长说："是我错了，是我让孩子退回去的。"我向这位家长表示了诚挚的歉意。我作为班主任，在组织这样的班级活动的过程中，没有做到充分的考虑，没有和所有家长、孩子就送礼物环节进行沟通商议，没有在抽到礼物的孩子发出质疑的时候给予正确的引导，面对小盒子的时候，我一下子想到的是它的价钱，而不是它所代表的情谊。

我真诚地向家长道歉，这位妈妈也逐渐心平气和下来，说自己因为太忙，没有帮助孩子准备礼物，使她这个元旦联欢会过得不愉快，也是有责任的。元旦假期过后，我把这个小姑娘叫到跟前，肯定了她想和同学互送礼物这份真诚的热心，肯定了小盒子里的情谊，也向小姑娘道了歉。接着，我和她聊了起来，换一个角度想一想，如果是你抽到这样的礼物，会不会有点失望？小姑娘失落地、委屈地低下了头，说自己在准备礼物的时候没有充分考虑，只是随意地从家里拿了些东西，让同学们失望了，自己这个元旦也过得很不愉快。我跟她又交流了一些这学期的各种情况，聊了聊以后的学习计划，并且将提前准备好的学习用品送给她当作元旦礼物，表示老师对她的歉意。小姑娘开心地收下了礼物，也表示自己以后一定要认真地对待每一件事情。

接着我将组织本次联欢会活动的班干部和那个曾经抽到心形铁盒子礼物的小姑娘组织到一起，就这件事情进行了讨论和交流。通过讨论，每一个孩子都认识到，在面对同学的时候，面对这种情况的时候，要看到小小的盒子中包含的情谊，与同学相处要懂得宽容，更要互相尊重。

虽然这件事就这样过去了，但我经常回想起那个小小的铁盒和里面的糖和瓜子，它在不断提醒我，在教育过程中，任何一件小小的事情都是一个教育的契机，我们的每一句话、每一个小小的决定都会影响一个孩子的成长。再小的事，都不能随性地去处理，作为教师的我们要能看到事情的背后，要看得远一些，处理各种事情的时候一定要问一问自己，这样做对吗？这样做对孩子好吗？

默默倾听　静待花开

兰州市第六十二中学　连　郁

　　2018年6月的某一天，批作业时有7个学生的作业不合格，有漏写的，有胡编的，几天来一直存在这样的情况，作为班主任顿觉没面子，于是，当天下午复习完生物、地理后，我把这几个"顽症"留下来，挨个教育。等到小强（化名）站到眼前来时，我突然"失忆"了！哎，他的作业是什么问题呢？打开小强的练习册，正待我开口之时，他突然大哭起来！我深吸一口气，我耐着性子问他："你怎么了？"他哭着说："我家那么远，我还要回家写作业呢！"我一时语塞、心塞，但问题仍需解决啊，他的作业是同学代写的，可这一哭，哭得我没了底气。

　　于是，我告诉自己，深呼吸，冷静，待他发泄完。小强的眼泪像开了水龙头一样，停不下来了！不管我说什么，他都不理不睬，我不再说话了，心想今天这孩子一定是遇到了什么，孩子不肯说就别再问了，就这样小强同学哭到了快7点，我要送他回家，他却说："我有钱呢，不用！"这种"残忍"的拒绝方式让我欲哭无泪。就这样，小强自己回到了家，而我呢，很担心，于是在QQ里问他："到家了吗？"还好，孩子已经平静了许多，默默地回复了几个字："老师，已到，勿念。"

　　当时的我很郁闷，也很愤怒，因为我根本不明白他为什么哭。收拾好东西走到校门口，郭师傅问我怎么了，他认识小强的父亲，与我聊了起来。这时我才更深入地了解到：自离异后，小强的父亲一直到处做散工，孩子爱好戏剧，但他始终觉得那是不务正业，于是，父子之间的交流越来越少，只限于日常交流了。晚上回到家，我与小强的父亲沟通了很多，也慢慢地理解了他今天可能就是心情不好，刚好又犯了自己都心虚的错误，于是只好用"大哭"来宣泄、掩盖了。心疼，这是我当时唯一的感受。

第二天，我们俩很有默契地没有再提起此事，但突然间就亲近了很多，谁也不知道其中的原因。无论有什么事，小强都不会再自己做决定了，而是第一时间来找我："连老师，我有件事要跟你商量商量……"我们每次都像朋友，不，像好友一样聊一聊，一起找到解决办法。一切都在向好的方向发展。2019年中考，小强没有辜负自己，取得了令大家都很满意的分数，虽然没能上高中，但是他终于考上了自己心仪已久的戏剧学院。

这件事让我反思很久：在班级管理工作中，冷处理未尝不是好方法；班主任需要通过各种途径尽可能地深入了解学生及其家庭；互相尊重才能给彼此靠近的机会；继续努力做一名合格的"妈妈"，给那些特殊家庭的孩子们一份来自妈妈的关爱。

默默倾听，静待花开——我想这就是我每天必须坚持做的事情。

微笑，让学生亲近你

兰州市第八十一中学　孙　鹏

一个会心的微笑，胜过冰冷的批评、严肃的面孔；一个会心的微笑，消除了学生的顾虑，增进了师生的感情；一个会心的微笑，充分发挥了学生的用心性和创造性，使学生更用心、主动地学习。微笑就是学生生活中的阳光，只要我们给学生一个会心的微笑，微笑就会成为他们生命腾飞的翅膀。

作为一个天天与富有个性的活蹦乱跳的孩子们在一起的教师，几百个学生里就会有几百个小故事，我想跟大家分享的是我在教学中，遇到的一个很搞笑的孩子的故事。他叫小盛，是个很有个性的孩子，也是个很让教师头疼的问题学生，我刚任教初一年级的英语课程，就有教师给我提个醒说某某班的某某学生，只要他不太过分你就别管他，随他去，可见他多么让教师们头痛。他上课时从不认真听课，就喜欢吃东西，有时还会搞恶作剧，搞得课堂纪律一团糟。有一次上课他吃泡泡糖，我视而不见不想去管他，谁知道他把泡泡糖粘到前面女同学的发梢上，弄得那个女同学大哭。这时我气坏了，拿着讲台上的一把尺子朝他冲过去，我说："把手伸出来！"我高举起尺子准备用力地打下去，这时他说了一句话："打就打，反正你打也没有我妈妈打得痛。"这话让我的尺子停在半空中，再也打不下去了，也让我的怒火像漏气的气球那样泄了一半。我转而和声和气地问他："妈妈每一天都打你吗？"他没有回答，旁边的学生说："他每天都不写练习，所以每一天都被妈妈打。"我听了这话心里很不是滋味，我在心里盘算着该如何帮助这个孩子。下课了，我灵机一动，叫他帮我把录音机搬到其他班去。他愣了一下，但是很快就欣然地过来拿录音机了，我看得出他很高兴接受我给他的这个任务，他有点受宠若惊地问我："老师，拿到哪个班啊？"我微笑着说："你跟着老师来。"在路上我跟他聊了几句，可他显得很拘谨，不太爱说话。

  以后我每次到他们班上课，我都会用课间时间跟他接触，慢慢地他对我已没有那么陌生了，也喜欢跟我讲话了。我从他嘴里知道，他的妈妈在市场里卖菜，爸爸去外面打工了，很少有时间陪他，我因势利导，跟他讲妈妈卖菜是很辛苦的，妈妈打他也是出于对他的爱护，妈妈心里也是很难受的，只要他好好学习妈妈就不会再打他了等道理。经过一段时间的开导，他开始有一点进步了，上我的课也老实了许多，我还经常找机会让他表现，然后在班上表扬他、鼓励他，帮助他找回自信。教育实践告诉我们，学困生的心灵创伤只能用心灵的温暖来医治，精神的污染只能用精神的甘露来洗涤，多给学困生一点爱护和关心，把爱融入他们的心田，他们就会感到教师真正地关心他、帮忙他，就会理解教师的教诲和劝告，产生追求进步的动机和行动。

  有一次上课他用脚去踢前面同学的后背，那个同学气愤地说："老师，小盛用脚踢我。"我并没有责怪他，只是微笑地看着他，他不好意思地把脚收回来。我明白对他来说一个微笑胜过严厉的责怪，对于犯错误的学生，宽容不是对学生落后的消极迁就，更不是放纵学生的错误，而就像爱因斯坦认为的那样：善于宽容也是教育修养的感情问题。宽容之中蕴含着了解、信任、等待，证明了教育者对自己教育对象积累了足够的信心，也渗透了一种对于事业、对于孩子的诚挚的热爱。经过一段时间的接触我发现小盛乖多了，虽然上课还时不时地出现这样那样的状况，但是他已经有进步了，以前他从来不开口说英语的，现在他也会偶尔开口说英语了，令我感到很欣慰。我发现他的英语成绩在慢慢进步，而且他还喜欢上了英语。虽然他这次英语才考了20多分，但是这不等于他各方面都不好，他是品行端正的好学生。我们要学习他热爱班集体、热爱劳动、知错就改的好习惯。以后上课他真的变了许多，他本来就是一个很伶俐的孩子，理解能力也很好。当时正好学校要搞元旦文艺比赛，为了鼓励他，我给了他参赛的机会，我大胆地向他保证，我认为他能行。结果小盛不辜负大家的期望，获得了三等奖。微笑是教师的魅力武器，对好学生要微笑，对学习有困难的学生更要微笑。教师的微笑对学生来说，是理解、是信任、是鼓励，他们由此感受到教师的友善，有助于他们亲近教师，从而喜欢教师所教的科目。

  微笑能够照亮所有看到他的人，就像雨后的美丽彩虹，带给人们完美的期望；就像穿过乌云的太阳，带给人们无限的温暖。爱是教育的前提，教师对学生的爱，拥有强大的教育力量。教育家蔡元培先生说过："人人都有感情，而并非都有伟大而高尚的行为，这是由于情感推动力的薄弱。"要转弱为强，转薄为厚，就有待于陶冶。心理学研究证明：学生总是趋向于模仿爱他与他所爱的教师。因为教师给予学生真诚的笑容和喜爱，会使学生产生良好的情感体验。

我愿意跟他坐

兰州市第八十一中学　孙　鹏

那天，我依然像往常一样津津有味地在教室里讲着课，正当我板书的时候，突然讲台下传来了一阵哭声。回过头，我发现坐在前排的白同学眼泪汪汪的。没等我开口问，旁边的学生都喊了起来，是张同学上课不认真，白同学让他坐好，他不听还用脚去踢她。我狠狠地瞪了张同学一眼，可他竟然还朝旁边的同学做了个鬼脸，偷偷地笑了起来。我再也按捺不住了，怒气冲冲地走下去，把他从座位上拖了出来，让他面向大家，问道："愿意跟张同学坐的同学请举手！"教室里一片嘘声，没有一个人举手，大家还故意把身子往后缩了缩。

我又选了班内成绩优秀、表现出色的王同学，再次问道："谁愿意跟王同学坐呢？"只听到唰唰的声音，一只只小手举了起来，有的甚至站起来喊道："我要跟王同学坐！"看看那一张张异常兴奋的小脸，我觉得这是一个难得的教育机会。我拍拍张同学的肩膀，小声说道："张同学，瞧瞧，为什么大家都喜欢跟王同学坐，而不愿意跟你坐呢？"正当我想继续说下去时，突然发现坐在后面的赵同学举起了小手。我问赵同学："你想说什么？"只见他慢腾腾地站起来，认认真真地说："我愿意跟张同学坐。"他又说："他虽然很调皮，但我相信我能够帮助他。再说，他也不是品性坏，每次有好吃的，他总会跟同学们一起分享。"赵同学这句话像针一样刺痛了我的心，我觉得自己的脸一下红到了耳根。一个年仅10岁的孩子就明白去寻找他人身上的闪光点，还能去关心一个大家都瞧不起的同龄人，我汗颜了。看看他那幼稚而真诚的双眸，我点了点头，说："好！那老师就把张同学交给你了。"我又蹲下身子，亲切地对张同学说："张同学，难得赵同学能这么相信你，你可要努力哦。老师期望你能在赵同学的帮忙助下，慢慢改正自己的缺点，好吗？"没想到此时的张同学会那么诚恳，他默默地点点头，表现出从未有过的坚定。

顽皮好动的学生在教师的眼里，似乎无可救药，但在赵同学的眼里，却也有可爱之处。一百个鸡蛋里面没有两个是一模一样的，芸芸众生，尽管个性差异很大，还是各有各的长处。教师的眼睛不能被浮云所遮盖，否则，学生的亮点也就不能发出熠熠的光辉。因此，教师要有一双"火眼金睛"，要善于发现学生的闪光点，充分发挥学生的潜能，这样的教师才是一个称职的教师。

张同学尽管很调皮，但懂得跟小朋友一起分享快乐，这就是他的长处。更为可贵的是，赵同学不仅仅看到了这一点，还看到他要求进步的一面，这不就是学生的闪光点吗？如果教师连这一点都看不到，那学生的这些亮点就会被深深地埋在地下，又何谈学生的进步呢？张同学究竟能否改好，我尚不敢肯定，但无论如何，我都受到了一次深刻的教育。赵同学，是你让身为人师的我感受到了一种难以言传的信任美。

那个向你告状的孩子

兰州市第二十二中学　胡晓华

上完课，我回到办公室，看到一个邻班的学生正在向她的班主任告状，说班上一个男同学如何欺负她。学生走后，这位老师笑着摇头："这孩子，动不动就为了点小事找老师！"我微笑着，想起了曾经的我，因为那时的我，也是个爱向老师告状的学生。

小学五年级的时候，因为父亲工作调动，我转到了一所新的小学。刚到新的班级，胆怯、瘦弱、孤单又成绩平平的我，很快成了班上调皮男同学捉弄的对象。他们经常一下课，就猛地扯一下我的头发，然后笑着跑开，或者抢我的文具，一帮人在空中抛来抛去，然后在我的愤怒无助中哈哈大笑，诸如此类的小把戏层出不穷。这些同学们的小把戏在很多成年人眼里算不了什么，因为这些根本不会造成身体上的伤害，顶多是男学生调皮的表现罢了。但对于当时只是个孩子的我来说，却是非常苦恼的一件事。当我流着泪把这些事告诉了父母时，他们说："你去告诉老师，让老师管管他们。"听到这句话，我当时就如溺水的人一下子抓住了救命稻草，满怀喜悦。后来再有这样的恶作剧发生时，我就理直气壮地说："我要去告诉老师。"然后就去教师办公室告状，那时在我的心中，教师就是我在学校的依靠和所有希望。不过年幼的我并没有意识到，这样的恶作剧并没有因为我告状而停止，我也傻乎乎地没有注意到那位年轻的女教师，也就是我的班主任在我一次次地告状后变得越来越难看的脸。直到有一天，我再次去了教师办公室。那个年轻的女教师黑着脸，坐在桌前"嗯"了一声，再没说话。我回到教室，得意地瞧了瞧那些男同学，心里想：等着吧，老师会收拾你们的。上课了，是那位班主任的课。她大踏步走上讲台，狠狠地瞪了我一眼，说："我们班有些学生，一点小事动不动跑到我的办公室告状，叫办公室别的老师看着，还以为我们班有多乱似的。"我瞬间明白了她是在说我，也在那一瞬间，我全然明白了老师那难看的脸色所代表的含义，明白了我的一次次告状给这位老师带来了面子上的损失。只觉得脑袋里嗡一下，似有一桶雪水迎头浇了下来，满心的期待化作透心凉，同时又觉得全班都在向我投来嘲笑的目光，让我羞愧得恨不得找个地缝钻进去。

从那以后，无论任何情况，我都没有找那位教师告过状，想必这位教师也暗暗得意。从前对教师的那份信任和亲切感荡然无存，我甚至满心是对那位教师的憎恨与愤怒，因为她带给我的伤害，远比那些调皮的男同学大得多。所幸一个学期后，我再次转学了。

若干年后，我也走上了讲台，成为学生的班主任，女教师。初中阶段爱告状的学生比小学要少一些，但不时也会遇到。我曾遇到过眼泪汪汪告诉我好友不理她的女学生，也曾遇到过文具被同学扔掉来找我哭诉的男学生。印象最深的是在一次运动会上，班上一个男学生坐在我身边，向我告他父母的状。他说母亲管他极严，常常会因为一件小事骂他，而且喜欢翻旧账，唠叨起来没完没了，让他很是苦恼。昨天晚上，就因为一点小事，母亲又训了他半天。看着他那双充满信任和忧郁的眼神时，我想到了曾经的我，虽然事情完全不同，但那种对老师信任的丧失和生活中遇到烦恼的感受是一样的。我此时能做什么呢？我想我最应该做的，不是站在成人的角度，更不能站在老师的角度去说教。我耐心地倾听，不时做出回应表示理解和同情。他说了很久，后来终于平静下来了。我就跟他聊他的家庭、他的生活，还问他，除了他做错事母亲总是骂他、翻旧账，他母亲对他怎么样。他想了半天，说："老师，我觉得别的事情上我妈妈对我都挺好，挺关心我，就是这一点让我受不了，太让我难受了。"我借机开导了他一会儿，一方面让他体谅、理解母亲，一方面也鼓励他和母亲谈一谈。谈话结束的时候，他的心情明显好了许多，他真诚地说："老师，谢谢您！"我微笑着说："这没什么呀，以后有什么烦恼都可以来找老师说。"他高兴地答应着去找同学玩了。

后来开家长会，我单独和这位孩子的母亲聊了聊，这是一位深爱儿子、教育方法又有所欠缺的母亲，她说孩子跟她说过，但她没往心里去，觉得只是个孩子嘛，没什么大不了的。却没想到儿子会如此烦恼，这令她十分吃惊，那天，我们在家庭教育上聊了许多……

后来，每当我遇到向我告状的学生，我就想到曾经我上学时的那一幕，想起那个曾经孤独无助的我。也因为我从事的职业，我常常回顾和审视那一幕。我常常告诫自己，我面对的，是心智还很不成熟的、正在成长的孩子，许多在大人看来不甚要紧的事情，却真正地对他们的生活和成长造成困扰。当他们满怀期待并信任地来找我时，我一定会蹲下身子，从他们的角度去看问题，并且竭尽所能地帮助他们。我想，如果我们多一些爱心，就会少一些指责和批评；如果我们多一些爱心，就会少一些冷眼和不耐烦；多一分爱，就会多一分包容和理解；多一分爱，就会多抚平一些孩子内心的创伤，就会赢得学生的尊重和爱戴。

冰心曾说过这样一句话："爱在左，责任在右，走在生命之路的两旁，随时撒种，随时开花，将这一径长途点缀得花香弥漫，使穿枝拂叶的莘莘学子，踏着荆棘，不觉得痛苦，有泪可流，却觉得幸福。"冰心不是教师，这句话却说出了教育的真谛，愿我们每位教师，都能怀揣爱和责任，去对待那个"向你告状的孩子"。

小倩来电话了

兰州市第七十一中学　吴　琼

一切收拾停当已经晚上十点了，我兴致勃勃地翻阅着艾苓的《贫困生》。忽然，手机响起，一看，是陌生的号码。心想这个时候打来电话，应该是家长要给孩子请明天的假，急忙接通。电话那头传来年轻女子掩饰不住的欣喜："老师，可真是找到你了，我没办法联系到你，就试了一下当年您教我们的时候让记下的排在110、120和119之后的电话，果然就找到了你。老师，我是小倩……"小倩同学一口气说了好多，我也非常欣喜。

前不久我在公交车落座之后，望向窗外，路边，那位智慧且腰板挺直得如同《白鹿原》白嘉轩一样的回族老人依然矍铄、干练。看到老人，我不由自主地想，小倩应该也很好。这老人，是小倩的爷爷。正这样想着，小倩就来电话了。

小倩做我学生的时候，乖巧，话不多，声调不高，圆脸，短发，穿戴整洁干净，姜黄色的休闲西装上衣，浅蓝色的牛仔裤，十三四岁的模样。一直担任数学课代表，在跟我的谈话中，不时提起爷爷奶奶和她白皙、爱干净的爸爸，还有上幼儿园的弟弟。遗憾的是，妈妈不在一起生活。

当时班上有几个这样的同学，我都是对他们不动声色地照顾，因为我深知，有些人可以肆意糟蹋挥霍自己的人生而后不见得过得比别人差，而有些人一生小心翼翼如履薄冰却总是险象环生，绳子常从细处断。小倩也很努力，她爷爷还很有力气，经常骑车来见我——送完上幼儿园的小孙子顺道来和我聊一会。

阴差阳错，我调到高中任教，一轮下来，小倩也到了高中，因为户口原因，小倩选择了不申报学籍，谁料想，她户口所在地学籍泡汤了。没有办法，这个母亲不在身边、父亲病逝的女孩子，因没有学籍而重新上一年高中。我很不安，深深觉得这与我有很大干系似的，假如我坚持让她申报学籍，也不至于重读高一……实际上，我也是无能为力，毕竟这样的大事，学生和家长是最有话语权和决定权的。我能做的，就是在学校积极奔走，在领导面前求情，让她重读高一，生怕万一出什么幺蛾子，同时盯紧着有关部门落实学籍。还好，小倩最终获得了新的学籍。三年后，我又是帮她估分数、咨询成绩，又是帮她填报志愿，最后她如愿考入了心仪的大学。当年的教师节，她还给我打了电话，后来，由于她奔忙于生活，渐渐没有了她的消息。我在路边见过他爷爷，只知道他们便宜处理了老房子，家搬到海石湾，孙子上了就近的初中。

一晃又是几年时间，我心里想着：小倩该毕业了，是考研了还是工作了？现在工作也不好找，不知道她是什么情况，她经常生病的奶奶、学习很不错的弟弟近况如何。

这不，小倩来电话了嘛。她一再请求要当面感谢我，我推辞了半天，甚至都拿出了钱锺书老人家"鸡蛋好吃不必见下蛋母鸡"的说辞来拒绝都不起作用。她说她现在在邻省垂直管理单位上班，踏实肯干，勤奋认真，工作上都是挑大梁的骨干，收入也不错，一定要见一见，坐下来聊一聊。再不答应，不仅仅是显得矫情，而且是不近人情。

择日相见，小倩先到，爷爷随后而来。原来，小倩的爸爸去世不久，妈妈就离开了，爷爷极力留下弟弟，爷爷觉得他有义务，更有能力带好这个孙子，供这个孙子读书。小倩的弟弟在爷爷的教育下，努力学习，考入现在的大学；小倩上大学后，正是家道衰落到谷底的时候，生活一度很是窘迫，爷爷说每次给小倩打生活费都是一次一百，因为一下子拿不出来一个月的生活费；小倩毕业报考全国招考的公务员，正要面试的时候，奶奶病逝，爷爷决定先不告诉她，免得影响小倩面试；小倩现在上班的地方就是母亲生活的地方，现在母亲隔三岔五叫她过去吃饭，也很是开心；小倩每年带爷爷、弟弟出去旅游一趟，又买了新房，预计明年就能搬进去……

我很敬重小倩的爷爷，也很佩服小倩，面对生活，他们都没有弯腰。她虽然一再感谢，但我觉得，我当年所做的，只是一个普通教师能做到的，也是该做到的。而且，小倩和她爷爷让我懂得：生活中，只要没有死亡，没有埋葬，即使遭遇绝望，总会有希望的。

非常感谢小倩和她打来的电话，让我觉得这个冬天，很暖。

"熊孩子"背后的"熊父母"

中国科学院兰州分院中学　马　杰

"马老师，我家孩子真是要气死我了！"

"孩子这两天在家发生什么事情了吗？"

下班前夕，接到小佳（化名）妈妈的电话，我知道漫长的"熊孩子吐槽大会"又一次要上演了。小佳妈妈将孩子两周内放学后发生的各种事情详细地进行了声情并茂的讲述，并附加了个人恨铁不成钢的悲愤言论。我在电话的这头，也能通过她激烈的语言，真切地想象到她紧紧捏住的拳头和面红耳赤的气愤表情。通常情况下长达半小时的电话吐槽往往会在她对自己孩子的失望中结语，今天也毫不例外。

小佳同学，的确是全班公认的"熊孩子"，他的"熊孩子"事件数不胜数。例如，天天乐此不疲地拉扯女生扎头发的橡皮筋；一天能给自己洗吹7次头发；必须打开家里电脑上着网、听着歌、看着图才能做手抄报；甚至有一次为了让家长买双新球鞋，整整三天中午饿着不吃饭。他的"熊"事件天天都会上演，层出不穷，也让我常常皱起眉头，感到头皮发麻。但他的"熊"有时候却不是真正的"熊"而是"雄"。广播操比赛进行训练，他会在班里同学吵吵闹闹不认真准备的时候，用他的"熊"大声呵斥那些故意捣乱的同学；运动会1000米长跑中，他会用他的"熊"拼尽全力为班级荣誉冲向终点；看到某个同学心情低落，他也会用他的"熊"故意逗笑。其实，他的"熊"带着顽皮亦带有阳光。

但是比起"熊孩子"，更可怕的难道不是站在他背后的"熊父母"吗？对于小佳同学而言，从妈妈嘴里最常听到的抱怨是"这个孩子一点都不听话，要怎么办呢？"；从他爸爸嘴里最常听到的恨铁不成钢的感叹是"这个孩子完蛋了！"。在与他父母一年多的交往交流中，他们总是在控诉孩子的"恶行"，对孩子的教育就是无尽的指责、无情的谩骂，甚至有时是无端的痛打。并且小佳父母总是将孩子的"熊行为"无限地放大，甚至是将这些他们认为的"恶行"公之于众，让老师来"审判"孩子。小佳同学变成今日人人口中的"熊孩子"，追本溯源正是"熊父母"没有尊重理解和错爱的家庭教育造成的。正如《少有人走的路》一书里写到，"孩子会情不自禁地模仿父母，拷贝父母的处世方式，将它视为人生的标准和榜样。""熊孩子"身处这种无爱的家庭并且无意识地在模仿父母的行为，逐渐引起了他的逆反行为。

针对发生在小佳同学身上的事，我不禁想：中学生在青春发育期出现"熊行为"是很正常的，关键要看家长是否理性教育和教师是否正确引导。方法得当，张弛有度，引导及时，自然会将孩子的"熊行为"逐渐转变为"雄行为"。对此，我对"熊家长"提出几点建议供参考。

一、注重交往，多沟通少窥视

家长不是训练有素的心理学家，想要融入孩子的世界，走近他们的心灵，必须注意沟通交流的方式。大部分家长反映孩子小学还很听话，到了初中后逆反情绪强烈，说什么都不愿意听。对于家长而言，小学到中学阶段的教育方式是需要过渡和转变的，应该积极调整与孩子的交流沟通方式，努力了解十几岁孩子眼中的现实与困惑，不要一味地使用小学阶段的说教、强管、限制自由等教育方法，并且不要总是凭借个人经验臆断孩子的行为。家长应该珍惜与孩子共度的"特别时光"，用切实可靠的方式与孩子进行情感联结，了解青春期孩子的想法，这有助于家长进入孩子的内心世界。

二、正面管教，多表扬少批评

美国著名教育家尼尔森在其著作中提到，家长的教育在青春期阶段应该是和善、坚定并且对孩子充满鼓励的养育方式。对于青春期的孩子，"熊父母"往往是批评多于表扬、否定多于肯定、压制多于鼓励，长此以往就会造成孩子情绪低落、逆反心理加强，因此家长要将选择权赋予他们，搭建他们责任心培养的平台，使其生活在一个信赖度高的环境里，这样孩子才能在自我意识增强的阶段里逐渐形成正确的行为方式。"熊家长"需要放下"铁腕"式的管教方式，转变为正面教育，学会倾听与尊重，多一分包容与理解，添一抹爱与关怀，增一些分寸与空间。

三、控制情绪，多善言少暴怒

家长需要学会控制情绪，对于孩子一些不良行为，避免不问缘由就口头谩骂或者拳脚相加。理性的询问其"熊孩子"行为背后的原因，循循善诱、讲明道理，并针对错误的行为进行教育。家长还需要改变对孩子的评价，把家长口中的"我觉得这件事……"转变为"你认为这件事情……"让孩子自己判断自己的行为过失；把抱怨的语言"怎么办？你真……"转变为"这件事情如果你这样做……"等等，以此来让孩子自我认识错误并纠正错误。

"熊孩子"不可怕，可怕的是站在他们背后的"熊家长"，作为老师，希望可以尽可能多地和学生、家长沟通，了解他们，让"熊孩子"成长为"雄孩子"。

力争关注每一位学生

兰州市第二十二中学 程 露

作为一名初中英语教师,在平时的教学过程中,我经常会有这样的感受:我认真地备好了课,也精心地准备了一些课堂教学的设计,在上课的过程中,学生们似乎学得很"热闹"。但是,在进行课堂检测的时候,刚刚讲过的问题、练过的知识点,只有那么几个学生能够掌握。大部分学生是迷茫的,当被问及这些问题时,他们不知所措,无从答起。经过反思我发现,在我的课堂上,我关注最多的是积极回答问题或者说跟我互动比较好、跟着我的思路走的那一部分学生,而往往会忽略那些成绩较差、缺乏勇气、不敢发言的那些学生。有时候是害怕影响教学进度,有时候是怕让学生窘迫,因为现在的学生自尊心都比较强,当众答不上老师的问题也许会使他们感到尴尬。久而久之,我也就慢慢忽略了这一部分学生在课堂上的表现。

这是作为教师非常失败的表现,一节课下来几乎做了无用功。那所有的备课、教学设计再出色也是无效的,学生学到知识才是课堂的真正目标。

"Who can tell me about your skills for learning English?"学习"Some skills for learning English"这一课中我这样问学生。学生都踊跃举手,争先恐后地想要发表意见,这时候在教室的角落,我看到一个小男生畏畏缩缩地流露出想举手却又很害怕的神情。是小亮,他从来不在英语课上发言,成绩也很差。我微笑着看着他:"Would you like to try?"他缓缓地站起来,用一口流利的英语小声地说道:"To learn English well, we should listen carefully in class and make notes, and do homework at home."所有学生都惊了,教室很安静。"Very good! Try again, please speak louder!"于是他又说了一遍,声音很大、很流利。一阵沉默之后，我听到了一片热烈的掌声，那是肯定的掌声、尊重的掌声、发自内心的掌声。他脸红了，有点不好意思了，不停地挠着头。而我趁热打铁，对他的表现表扬了一番。

在后面的十几分钟里，我组织学生小组谈论并写下自己的特色学习方法。我发现小亮和同学积极讨论，而且观点鲜明，在同学的帮助下他写下了很多自己的英语学习方法。最后在展示学习成果时，他第一个举手，而且说得非常流利，所谈方法也得到了同学们的一致肯定和赞赏。最后由于他的突出表现，全班同学一致通过，奖励给小亮一枚奖牌。

下课后，走出教室，我暗自高兴：作为英语老师，看到一个英语学困生有这样的表现，这无疑让我对今后的英语教学充满了信心。但是我又转念一想，表面上看起来小亮在本节课的表现确实不错，但回想起他其他时间的表现及每次的英语测试成绩，我又担心这会不会只是表面现象，他会不会只是三分钟热度呢？其实以前这样的例子还真不少。想到这里，我停住了脚步，转身又回到教室，告诉小亮放学后来我办公室。

在办公室，我跟小亮进行了一次深入交流。首先我肯定和表扬了他在课堂的表现，他非常高兴，甚至已经出现了骄傲情绪，于是我试探性地问他："小亮，你在课堂上提到的那些学习方法真的对英语学习很有帮助。你能告诉老师你有没有那样做？"他难为情地低下了头，回答的声音很弱："没有。"我见时机已到，于是借势引导："没关系，其实你能想到这么多的学习方法，并且能用英语表达出来，已经是很大的进步了，况且你今天的表现就是最好的英语学习方法——应用，别忘了'The best way to learn English is to use it.'不是吗？""嗯！"他若有所思地点点头。"你是不是觉得英语很难学？"我接着问他。"是！"他似乎很确定。"那今天你觉得难吗？""不难。"他也很坚定。"那你知道为什么今天不难吗？""不知道。"他有些疑惑。"其实学习英语最大的困难是你自己，今天你打败了自己，超越了自己，克服了自己的心理障碍，敢于说出自己的想法，并能和同学交流分享，在交流过程中你学会了很多东西，是不是自信了很多？"他使劲地点头，似乎我说到了他的心坎里。后面我们的谈话进行得很顺利，他决心从今往后要好好学习英语。

从那以后，英语课上总能看见阳光自信一面的他。他不再沉默，能积极和同学交流探讨，做作业认真多了，准确率也高了。遇到不懂的能做到不耻下问。这次英语单元测试，他的成绩由30多分一下上升到60多分。他的转变和进步大大地带动了班上其他英语学困生，同学们学习英语的兴趣越来越浓了。

我也在课堂上试着去关注其他不爱发言或者不敢发言的学生，尽可能去鼓励他们回答问题或者说出自己的想法。其实在平时的教学中，只要教师观察仔细，学生的很多潜在能力和问题都能被发现，只要教师发现和肯定学生小小的一个闪光点，星星之火真的可以燎原。教师真情付出，关心爱护每一个学生，公平地对待学生，尤其是对于学业成绩不够理想的学生，更要多鼓励、多关怀，相信他们，从思想上、心理上切实帮助他们克服各方面困难，逐渐取得进步。只有我们真情投入，学生才会真情回报。

成功感是英语学习中重要的情感因素，它能使学生萌发兴趣，增强信心，激发学生内在动力，大大增强其认知能力。多次的成功会使学生充满自信，并逐步体会到学习英语的乐趣。那如何在课堂中让学生充分的体验成功呢？我想小组自主合作探究式教学模式是很好的方式。它能真正发挥学生学习的主体性，让学生体验到自己在学习中的主人翁地位，体验成功的快乐。组内探讨，让学生最大限度地发挥自己的才能；成果展示，使学生体会到万众瞩目的成功后的喜悦，这样能够充分唤醒学生的自信心。作为教师，适时的鼓励和有效的评价对激发学生的学习积极性也会起到举足轻重的作用，所以这点教师绝不能吝啬。在课堂教学中，对于学生在学习上取得的进步，正确地回答了问题，哪怕是一点闪光之处，也要及时加以表扬、鼓励，多用些good，very good，quite good，thank you等词，让学生感到有奔头，从而树立信心。

在教育教学过程中，教师应在尊重学生人格的前提下，面向全体学生，关注个体差异，使每个学生都能得到充分的发展。学生的发展就是教师努力的目标！学高为师，身正为范，作为一名英语教师，我相信只有完全了解学生，在教学中努力为每一位学生提供展示自我的平台，才能进一步激起他们学习英语的信心和热情！

被"绑架"的伤员

兰州市宁卧庄小学　王彩霞

"王老师,小李摔倒了!""王老师,小李摔倒了!"学生一个接一个叫嚷着向我报告。我暂停批改作业,随着几个孩子往教室外面走。这时,安全巡视教师快步走过来,急急忙忙地说:"王老师,快去操场看看你们班的孩子。"我心里一惊,看来小李摔得不轻。巡视老师一边和我往外走,一边解释:"刚才你们班有一个小姑娘摔倒了,我觉得摔得不太重,可是你们班的十几个孩子围过去,抓着胳膊架着腿,要把她抬进来,太危险了,我赶紧让停下,他们还不散开,我就让他们站着等你。"

走到操场,只见乒乓球桌不远处,我们班的十几个小男孩、小女孩围在一起,七嘴八舌。走近一看,小李在中间躺着,有两个高个子女生抓着胳膊,两个小一点的女生拽着衣服,有的小孩子蹲下来抱着腿,还有的孩子伸着手臂,努力地想要够着李佳琪。而小李被围在中间,满脸通红。见我过来,孩子们嚷起来:"王老师来了!""王老师来了!"又叽叽喳喳地向我报告:"王老师,小李摔倒了,是我先看见的。""王老师,我们要把小李抬进来,可是那个老师不让。"

看到孩子们紧张兴奋的神情、红通通的脸颊,我真不太忍心打击他们帮助同学的热情。但按照一年级孩子幼稚的想法,让他们把小李抬进去,那危险会更大。我先安慰孩子们别着急,决定弄明白事情再做决定。我走到小李身边,前后查看,询问刚才怎么摔倒的。

事情搞明白后,我发现,就是孩子们跑的时候绊倒了,应该没大碍,但又不敢大意。我问小李:"小李,现在疼吗?""王老师,有一点疼。"她说着，摸着胳膊。看来，她摔倒时胳膊先着地了。我挽起她的袖子，皮肤有一点发青，并没有大的擦伤。我拉起她的胳膊，轻轻活动，也不见小李有疼痛的表情，更加知道只是轻伤。我说："小李，试一试，能不能走一走。"孩子试着走了一步，说："王老师，能走。"看来，那一群人把小李吓坏了。我问："小李，那你现在自己回教室，还是让同学们抬回去？"小姑娘不好意思地说："王老师，我自己回教室。"看着一大群孩子失望的眼神，我安排两个小姑娘把小李扶回教室。

作为班主任，我明白孩子们的兴奋和失望，都是因为大拇指小粘贴。在班主任岗位上干了十几年，自以为总结了一套有效的教育方法。今年又接了一年级新班，看到孩子们不会关心别人，不明白如何为班级出一分力。于是，我用一贯的方法——孩子们喜欢的大拇指粘贴和小奖品进行刺激。

我告诉孩子们，我们60个孩子是一个集体，就像是一个大家庭，我们都应该关心班级，帮助身边的同学。我向孩子们宣布，谁要是做了关心班级、帮助同学的事，老师会给他奖励大拇指粘贴，贴在班级评比栏里，还要给他发小奖品。起初，孩子们并不太在意。有一次，佳佳从家里搬来了一小盆花，放在教室窗台上，带来了新绿。我兑现承诺，给佳佳奖励了大拇指小粘贴，还发了一块漂亮的橡皮。随后，许多孩子都搬来花，直到窗台上放不下，我才阻止他们继续搬。我看着孩子们兴高采烈地拿着大拇指小粘贴和小橡皮，看着满教室的鲜花，还真觉得这是一个不错的法子。

前几天，小男生贝贝吃坏了肚子，上课吐到了教室地上。我带着高个子男生涛涛和小波清理了教室，之后给他们俩每人奖励了一个大拇指粘贴，又发了一支新颖别致的铅笔。许多孩子羡慕极了，顿时，有人抢着帮值日生倒垃圾，下课了几个人争着擦黑板，我就用这样的小东西一下子调动起了孩子们的积极性。

今天的事，一下子给我提了醒：我发大拇指粘贴的目的是什么？我发小奖品的目的是什么？怎样才能不让孩子们好心办坏事呢？细细思考过后，我认为，因为我的刻意强调，孩子们的注意力放在了大拇指粘贴和小奖品上，而不是我所期望的学会关心和帮助。因此，一定要让孩子们明白互相帮助的重要、互相关爱的温暖。

于是，我组织了一次有趣的班会活动，我利用多媒体，给孩子们讲了一个有趣的故事《冬天里的弗洛格》。绘本讲的是青蛙弗洛格过冬的故事，它没有毛的保护，冬天对它来说太艰难了。朋友们有羽毛、脂肪、围巾……光溜溜的弗洛格本想要逃离冬天，但最终在好朋友的帮助下，渡过了一个温暖的冬天。当讲到青蛙弗洛格找不到柴火、冻僵了并且累坏了、倒在雪地里时，好多孩子眼里闪着泪光，似乎也冷得瑟瑟发抖。我知道，生动的文字，已经带着孩子们进入了故事的情境里。我问孩子们："谁愿意帮助小青蛙？"善良的孩子们纷纷举手，想给它自己的棉衣、自己的手套，有的小孩子还愿意用怀抱去温暖它。

朋友们一个一个地来了，生起了火，端来一碗热乎乎的有营养的汤，还织了温暖的双色套头衫。渐渐地，孩子们的小脸上有了笑容。故事讲到最后，孩子们和小青蛙一起欢呼满世界鲜亮的绿色，迎接太阳在天空中闪耀。"没有弗洛格，我们该怎么办？"我把这个问题抛给了孩子们，他们笑嘻嘻地说："没有它，生活就会不一样了。"仿佛，小青蛙就是在我们自己的帮助下度过寒冬的。教室里流淌着一股暖暖的爱。我顿时明白了，孩子们缺的不是对他人的爱，而是不会表达关爱，不知怎样帮助。

我问孩子们："孩子们，你们想一想，今天老师为什么不让你们抬着小李进教室呢？"孩子们你看看我，我看看你。终于，有几个孩子举手了："老师，因为小李好好的，所以老师不让我们抬她。""因为小李可以自己走，不需要我们抬。"望着这一双双思考的眼睛，我决定要让他们明白帮助关爱的真正含义："孩子们，贝贝在教室里吐了，不清理掉，大家都很难受。贝贝还在生病，自己没法清理，他需要我们的帮助。可是，小李只是摔了一下，就像我们在玩的时候也会不小心摔跤，可以自己走的，她不需要我们的帮助。所以呀，一定要在别人需要的时候，那才叫帮助，不然就成了捣乱了。"

接着，我语重心长地说："可爱的孩子们，假如是她真的摔伤了，我们也不能抬她，谁知道为什么？"孩子们面面相觑，终于，有一个安静的小姑娘举手了，"王老师，我们抬不动小李，会把她弄伤的。"真是会动脑筋的孩子！马上，又有小朋友举手了，"我妈妈说了，小朋友遇到紧急的事情，一定要叫大人来帮忙，不然会弄糟的。"好细心的家长！孩子们你一言，我一语，把平时老师和家长强调的话都说了出来。看得出，这群小家伙都挺会思考问题的。

故事和讨论，渐渐让孩子们的心灵变得柔软，将目光不只放在大拇指粘贴、小奖品上，而是自己和小伙伴的身上。我看到了故事对低年级孩子的教育和影响作用，于是，又带着孩子们读了一些绘本。我和孩子们读绘本《不是我的错》时，孩子们看到了故事中的小男孩一直在哭，他瘦小的身体，凌乱的头发。而其他小伙伴面对小男孩的哭泣，他们没有关切、没有友爱、没有询问，甚至连丝毫的愧疚和歉意也没有，都理直气壮，他们不断地强调着："他哭，不是我的错！"孩子们似乎明白了，关爱就是向身边的人付出友爱，伸出援手。

我和孩子们读《阿莫的生病日》，故事中的阿莫是一位和善的动物园管理员，他每天都要挤出时间去看望几位好朋友，陪大象下棋、和乌龟赛跑、跟企鹅坐坐、给爱流鼻涕的犀牛递手绢，并且给猫头鹰讲故事。可是，有一天，阿莫生病了，焦急的动物们一起来到阿莫家。我组织孩子们表演阿莫的故事，大象耐心地和阿莫下棋、企鹅帮阿莫暖脚、犀牛给阿莫擦鼻涕、猫头鹰还在熄灯前为他读书讲故事。阿莫关心帮助每位朋友的顺序，阿莫生病在家时朋友们失落的样子的描述，还有跟朋友先后关心帮助他的顺序、道晚安的顺序是一样的。就在这样的角色的转换中，孩子们终于领悟到，按照每一个人喜欢和需要的方式对待他们，就是一种关爱。

大拇指粘贴和小奖品出现的频率悄悄地在减少，孩子们互相关心和帮助的事情却随时可见。我深深地体会到，用绘本故事创设情境，在故事的阅读和表演中，能很好地激发孩子们内心的情感体验，让他们在生动的形象中受到感染启发，在潜移默化中得到教育启迪。

你只高看一眼，他会胜人一筹

兰州市第七十中学　吴　琼

你高看他一眼，他就胜人一筹。因为那一眼里，是仁爱，是直达心底的关爱。

——题记

高二文理分科后，学校安排我带文科班高二（4）班，也就是现在的高三（4）班。接任伊始，无论我站在讲台上，还是出现在教室门口，总能感觉到有一束眼神宛如探照灯般不时地扫视着我。待我认真观察、仔细回想才有了眉目：这束光来自一名叫小木的男同学。高一的时候，我虽然不带他们班，但我对他印象很深，因为一旦下课，无论楼道，还是水房，总有他的身影：缩着肩，下沉着脖子，微微后抽着腰，瘦削的脸庞向前倾且下巴轻轻扬起，藏在镜片后的那双大眼睛，随着脑袋不时地转动，射出一束集探照、扫描一体的目光……在办公室的时候，他总是低着头，显得落寞而冷峻，犹如即将加入水泊梁山一样，这时的他，大都是有"错误"在身。

开学第二周周三的早读，他迟迟未到校，我觉得不太正常，因为据我的了解，小木同学家在一个离学校比较尴尬的地方——沙窝，步行太远，骑车危险，坐车不便。就算迟到，也不该到七点四十了还不见动静。我打算联系一下家长，询问缘由。我特意拨打了他留下的第二个电话号码。因为据我了解，小木同学户口不在本地，而是在相邻的永登，而且属于"建档立卡"的"精准扶贫"对象，父亲常年在兰州打工，母亲没有工作，家里还有一个上幼儿园的妹妹。第二个电话号码是他母亲的，给他母亲打电话才能直接了解情况。电话拨通，他母亲张口来一句，"吴老师，小木不来学校了，他说不上了！"听到这里，我就很纳闷，好端端的，怎么会不上学了呢，况且，小木同学虽说活泼、好动，但没有流露出厌学，甚至退学的迹象呀。我问为什么不来上学了，他母亲说，今天要收试卷费，没零钱，没办法给他，他就说他不上学了……我让小木接电话后，我说，无论发生什么事，也得来学校，就算不上学了，也得来学校办理退学手续，这种"屁股一拧就不来"的做法是不合理的，也是不正确的，我让他抓紧收拾书包，出门坐车，我在办公室等着他……

15分钟后，小木背着书包气喘吁吁地来到了我面前。还没等我开口，他就说，老师，我要退学。我很震惊，但没有震怒，而是心平气和地询问了缘由。原来，他昨天放学就跟妈妈说了要交12元钱的事，他妈妈忘了拿钱给他，他觉得这是在一个新集体中的第一次交费，为了不让同学们另眼相看，就想跟大家一起交费，不想拖延。我看他的表情，很复杂，也很郁闷。我很有耐心也很友善地问了他吃早饭了没有，他说没有。我什么话都没说，起身把我母亲亲自做给我的早饭分给了他一些。小木同学面对我递给他的早餐，有震惊，也有羞赧，更有不知所措，我轻轻地说："你跟家里人生气，我叫你来，你出门匆忙，没有吃早饭，你就放心吃吧，现在，没有什么比吃早饭更重要的事儿。"我给他倒了一杯水，他也是饿了，一口一口吃了起来。快吃完的时候，他开始抽泣，掉眼泪。我说："你一个好好的男孩子，干吗哭？"他说："老师，我本来是打算办理退学手续来的，你的这个饼子和鸡蛋，让我又舍不得离开这个班级。"我就问他，他退了要去干吗，他说去海石湾打工，我就给他算账，这种没有技术含量的小工打工能挣多少钱。过个五年十年的，做了父亲，拿什么保障家庭以及子女的生活和教育费用？

他开始沉默了，我接着给他分析，为什么家里人非要给他零钱而不给整的20元、50元的钱。他说以前有一次给了整钱，他把剩余的花掉了。我说，这就是个人诚信出了问题。也不能全怪他妈妈今早不给钱，而是"前科"太伤人了。而且，解决问题的办法很多，硬耗着以不来上学要挟妈妈是不对的，本想让别人高看一眼，现在搞得差不多低人一等了。

我又问他，为什么不能静下心来，坦然地面对自己的学习，非要盯着老师，看老师在干吗。难道是趁着老师不注意，想干吗？但能干吗？他那么聪明，记忆力尤其好，背语文知识在全年级都是数一数二的，写作水平也是班级排名靠前的人，地理老师曾经说他是全年级学地理最有天赋的人……

从此以后，小木同学就跟换了个人似的，勤学勤记，他"探照"加"扫描"的目光我再很少见了。高二一年，小木同学的学习成绩班级排名逐步上升，考一回，名次上升一回，已经稳居班级前十名以内。

暑假补课的时候，他妹妹得病，父母带着妹妹辗转西安、北京，最后在石家庄专门医院治疗两个月，花了30多万。其间，小木同学都是自己买面、买米，煮饭洗衣，自己照顾自己。我还准许他带手机入学，只是，他很自觉地每天上学先来我办公室放下手机，放学时再拿走手机。因为要跟父母联系，要支付花销，没有手机确实非常不便，他父母不放心，我也不放心，因为我跟他说过，我相信他能控制住自己，不玩手机，他不会让我失望。

时至今日，小木同学各方面表现都很积极，学习状态也很好。但愿180多天后在高考中，小木同学能够保持这个状态。

结束语：

仁爱之心师必备。教师对学生的关爱，要能走到学生心里，让他们真正体会到教师的爱是真正的爱、用心的爱、无私的爱，也是这样的关爱，直抵人心，让人没齿难忘。

高看一眼真不难。无论我们给予学生什么样的"关注与期待""支撑与帮助""鞭策与鼓舞"，我们都要对学生"高看一眼"，因为教师的"高看一眼"，不是普通的，这一"眼"是能够让学生感受到被肯定、被信任、被支持，这"一眼"，终会让他们"胜人一筹"，况且，对教师来说，"高看学生"一眼，真的不难。

心平气和爱无声。对学生的关爱、关切，不是教师的嗓音高八度，而是润物细无声，是心平气和，不能打着关爱学生名义，指责谩骂不休，更不能站在道德的制高点，以爱为名，绑架一切。

爱是教育的灵魂

兰州市第八十一中学 孙 鹏

　　教师爱学生是一本书，不一定深奥，但一定能丰富学生的情怀；教师爱学生是一盏灯，不一定耀眼，但一定能长久地照耀学生人生的道路；教师爱学生是一枚果实，不一定丰硕，但一定孕育着新的希望！爱是基础，爱是本质，爱是师德的核心，爱是教师最基本的行为准则。我是一名普通的中学英语教师，在与学生朝夕相处的岁月里咀嚼过许多失败的苦涩，体会过许多无奈，但依旧用爱耕耘学生的心田，用爱塑造学生甘甜的心灵，是啊！教育离不开爱，爱就是教育的灵魂！

　　教学多年，我深深地感受到师生之间爱心交流的重要性。既要了解学生的学习，又要关心他们的衣食住行和身心健康。当学生遇到困难时教师要主动帮助出主意、想办法；当学生犯了错误后要耐心引导，讲清道理，以赢得学生的信任和信赖，使师生关系从单纯的教与学关系成为心心相印的"忘年交"关系。记得刚做英语教师的时候我曾单纯地认为我不是班主任，我不需要了解他们英语课程学习以外的所有问题，所以每天除了认真地在课堂上忙着授课，我很少和学生交流。过了一段时间我发现学生和我之间有很大的隔阂，导致他们在英语学习中有了困难和问题都很少找我来解决。我很明显地感觉到我和学生心与心的距离越来越远。发现了问题就得及时解决，我无法一下子改变学生对我的态度，但我可以先试着改变我对他们的态度啊！在英语课堂中我的语气变得温柔了，我试着和学生探讨商量共同解决问题，学着在课堂里幽默风趣了。我很明显地感觉到学生开始喜欢上英语课了，喜欢和我交流了。英语学习对学生来说有点枯燥，我努力在每节课中设计小游戏和他们互动，英语课堂里除了朗读的声音也有了欢笑，有时候在课堂上做游戏甚至有点闹哄哄的，可学生学得很快乐、很高兴。教师只要真心付出爱，就可以使学生体会到温暖之情，而且很容易使学生感动，教师的爱可以启迪学生的心灵，唤醒学生的理智，加深师生之间的了解，增进师生之间的友谊，使师生之间的情感产生共鸣，学生就会从内心深处对教师产生亲近感和依恋感，学生就会把对教师的爱迁移到对教师的尊重上并接受教师的教育，学生的学习兴趣就会油然而生，从而达到最佳的学习效率。"亲其师、信其师"进而"乐其师"，教师只要付出爱，就能得到爱，就会体验爱，因此，爱是一种心与心的交换。

上学期我任教的班里转来一位学生，我发现他的学习习惯很差，经常不写作业，开始我对他很头疼，想了各种办法甚至多次找他谈话，告诉他："你不要拖欠作业了，拖欠作业最后害的是你自己；我这样也是为了你好，你的这些毛病再不改，后果不堪设想；你怎么这么不争气，你不会学学好吗？"凡此种种这些话我说了又说，可刚谈完话没几天，他就又变成老样子了。而且很容易看得出来在我找他谈话的时候他很抵触。于是换位思考。如果我是学生，老师老这么说我，我就会觉得我不好，我没救了。是啊！该换换说话的口气了，后来我找机会找来了他，这次我不再高高在上让他站在我面前听我"不悔"的教育，我搬来凳子和他促膝而谈，开始想和他谈谈他家里的情况，可没料到一说到他妈妈，孩子就哽咽地哭了，原来他是单亲家庭的孩子，妈妈去外地打工了，他住在外公家。外公没文化在家里没人辅导他学习。他的基础又不好，觉得上课也听不懂，越不懂越不爱学，所以他就放弃学英语了。这次谈话让我找到了问题所在，在以后的课堂里我常常用鼓励的眼神告诉他，他能行！他慢慢变得爱举手发言了，作业也开始按时完成了。我在教学中很关注他点滴的变化，及时表扬他，告诉他基础差不要紧，老师看中的是他每一次小小的进步，有进步就有希望。是啊，老师的一个眼神、一个手势，学生都很关注，都会深入学生的心。我们只要让学生感觉到我们心里有他，他就愿意走近老师，和老师产生亲切感。

苏霍姆林斯基曾经有个十分精彩的比喻，他说："教师要像对待荷叶上的露珠一样，小心翼翼地保护学生的心灵。晶莹透亮的露珠是美丽可爱的，却又是十分脆弱的，一不小心露珠滚落，就会破碎不复存在。"学生的心灵，就如同露珠，需要倍加呵护，这种呵护就是爱。在学校德育工作中，爱是基础，爱是本质，爱是师德的核心，爱是教师最基本的行为准则，爱也是中华民族的优良传统。可以说：没有爱，就没有教育；没有爱，就没有学生的一切；没有爱，教师的生命也就失去了意义和价值。可见，教师对学生的爱就像学生心目中至高无上的母爱，这不是血缘关系，亲缘关系，而是教师职业特有的道德准则，也就是说，一个教师，必须真心诚意地关爱自己的学生，像母亲爱自己的孩子那样无私地关爱自己的学生。爱学生是一个极其重要的教育因素，否则"教书育人"就达不到预期的目标。

一堂难忘的班会课

兰州市第二十二中学 程 露

主题班会是班主任老师对学生进行思想政治教育的重要形式之一。一次主题明确、组织得当、形式生动、内容充实、教育性强并具有时代意义的主题班会，不仅能促进学生良好思想品德的形成，还能够激发学生对所学内容的学习欲望。其实，适时地开展主题班会，对班级管理起到很大的影响。主题班会的独特作用是让学生进行自我教育，教师针对现实，一课一题，灵活多变，这在教育学生和管理班级中发挥着十分重要的作用。经常开展别开生面的主题班会，可以了解学生，想学生之所想，少点多拨，以学生为主体说话，从而达到寓教于乐的效果。下面我就结合我任班主任期间，开展主题班会的工作体会，谈谈主题班会在学生德育工作中的作用。

"滴答滴答……"原本安静的教室被这突如其来的手机铃声给淹没了。同学们纷纷扭头向四处张望着，正在讲课的我也缓缓将头抬起，朝着全班怒视一番。接着又拿起板擦奋力地敲打着讲台。哎，又是手机！学校已经三令五申不让学生带手机到学校，我也在班上反复强调，可是，此时正是上课期间，我只能强压怒火，让持手机的学生关掉手机下课后来我办公室，然后继续上课。

课间我把持手机的学生带到办公室。这已经是本学期发生在我们班的第三个"手机铃声案件"，我抬头看了看他，以一种恨铁不成钢的语气对他说："胆子好大呀，以为你上初中了就是大人了是吧。上课带手机，对自己和他人的影响你不会不知道吧？这次老师还能护着你，可是下次呢？"在一连串的发问下他只能深深地低着头，什么也不敢说，眼泪滴答滴答地掉到地上，看得出他心里后悔极了。我让他抬起头，"老师知道，你是个懂事的好孩子，拿回去吧，下不为例啊！"这次，我没有急于把他的父母叫来。因为我认识到，手机问题已经不是简单的批评、请家长这样的无限循环能解决的，必须要重视起来想想办法了。

"手机热"已成为现在的流行热，随之而来的便是低头族等形容人们沉迷于网络的词汇。我上网查了一些资料，有数据表明：沉迷手机者中，青少年占有的比例最高。他们往往缺少自我克制的能力，若学校和父母没有及时对其控制，后果便会非常严重。我认为学校为维护广大学生利益，对在手机问题上多次违反规定的学生进行处理的做法十分正确。可是，学生们为什么还要在学校禁止带手机的情况下把"违禁品"带到学校来呢？我调查和分析了原因，主要有以下几点：

（1）很多学生离家远，中午吃小饭桌，或者放学要去上课外班，带手机方便和家里人联系与沟通。

（2）使用手机可以随时为学生答疑，可以让学习变得更高效。

（3）有的学生瞒着家长带手机到学校，只是为了玩游戏。

（4）部分学生有攀比心理，看到别的同学拿了手机，为了面子就带了更好的手机。

针对班上带手机的情况和学生带手机到学校的原因，为了让学生认识到手机的利弊，我决定开一次班会。而且班会要由学生来组织和主持，因为老师的说教对他们来说已经是老生常谈了。于是，我找来了班长和宣传委员，告诉他们开班会的目的，并给他们提供了大量的资料和诸多的思路。两位班干部很重视这次任务，他们在课下做了大量调查并征询了同学们的意见，在周五下午的班会课上，他们交出了令我满意的答卷。

班会有一个很新潮的名字："拒做手机党"。班会一开始，是情景剧表演，几位"演员"演绎了平时发生在班上的"手机事件"，他们表演得惟妙惟肖，特别是那个模仿老师发火生气的学生，更是惹得大家捧腹大笑，看来，吸引大家注意力的目的达到了。

接下来，主持人展示了一些青少年不分场合玩手机、打游戏、上网的图片和视频，之后，又在班上做了调查，结果显示，班上没有手机的学生寥寥无几。这时，屏幕上出现了一行醒目的大字：中学生用手机是利大于弊还是弊大于利？原来，这是一场辩论赛。同学们分成两队进行辩论，正方、反方针对论题提出自己的理由，并且说得有理有据，如，一方说，学生使用手机只要不影响他人，不耽误学习，并没有什么大不了的，在经济条件允许的情况下，使用手机往往是生活所需。另一方说，为了创建有序的学习、生活环境，保障学生的学习，学校应该禁止学生带手机到学校。激烈程度不亚于大学生辩论会。最后大家得出一致结论：应该合理使用手机，而学生带手机进入校园，弊大于利。下一个环节是班主任发言，这一次我没有用说教的语气去教育他们，而是肯定了同学们在这堂班会课上的表现，并对他们表示理解，告诉他们，手机如果使用得当，完全可以是他们生活和学习的好帮手。最后，表明我的观点，那就是辩论会最后得出的观点：学生带手机进入校园，弊大于利。如果要和家人联系不得不带，可以把手机先放老师办公室，放学再拿走。学习生涯本身就是一个孤独的旅程，作为旅行者的我们一定要耐得住寂寞，全身心地将注意力投入到学习中，这才是一个学生应该有的模样。这一次，我看到了同学们认同的表情和肯定的眼神。

班会的最后一个环节是倡议和签名，同学们纷纷举起了右拳表明今后不会带手机到学校，把全部精力都投入到学习生活中去，并在签名簿上郑重地签上了自己的名字。

那次班会到现在已经一年了，在这一年中，再也没有发生新的"手机事件"，我也通过这次班会重新认识了学生们，看到了他们身上的闪光点，也看到了他们巨大的潜力。从那以后，我试着从他们的立场看问题，让他们去解决自己的问题和困惑，可能会收到意想不到的惊喜。

近几年来，在班级管理方面我利用主题班会，对学生进行思想教育，培养学生的自治自律能力，取得了一定的成效。活动是看得见的、有形的，而教育和启发是看不见的、无形的。让有形的活动去吸引学生，让无形的教育去启发学生，使学生兴趣盎然地参与其中，不知不觉地受到感染。

总而言之，作为一名班主任，应高度重视主题班会的作用，除了贯彻践行以"勤"带班，以"严"管班，以"细"治班外，还可以充分利用班会这块阵地，开设各种主题班会，让学生有发言讨论的空间，发挥学生的主体地位。通过主题班会及时了解到学生的思想动向，及时为学生排忧解难，帮助学生树立正确的世界观、人生观、价值观，帮助他们解决学习、生活、思想上的难题，增强了班级凝聚力，同时也拉近了师生间的距离，促进了师生间的交流，融洽了师生感情，可谓"一举三得"。主题班会对提高学生的综合素质，培养学生的各种能力起到不可低估的作用。

师生交融

兰州市第八十一中学　孙　鹏

撑起一片蓝天，让每一个学生都不掉队。这是我的教育夙愿！

去年我接了新班。开始上英语课时，为了让学生步入英语的殿堂，充分调动他们学习英语的积极性，我给学生讲清英语的重要性，天天讲很多有关学英语的例子。例如，北京的老太太为了迎接2008年奥运，努力练习说英语。当前各种商标、说明书都用英语书写，世界上四分之三的书籍，都离不开英语。

课堂上，我利用电教、图片、体态语等教育手段来调动学生的积极性和主动性。经常让学生体会到成就感，good，better，best，excellent，clever的运用，调动了学生的用心性。我每一天都找学生耐心地做思想工作并和他们谈心，让他们亲其师，信其道。

一个月后，我本着出题尽量简单的原则，想测测学生的学习情况时，结果却出乎我的意料，这使我很失望：为什么我的付出却和收获不成正比？百思不得其解，我感到迷茫了。但是，凭多年的教学经验，我并没有训斥学生，而是先查找自身的原因、学生的学习困难。于是，我找来马同学谈心、交流。这个学生很调皮，也很聪明，但学习不扎实。由于我态度诚恳，他最后道出了事情的原委。他说："老师，实话对你说吧，此刻同学们都说'我是中国人，不学外国话，英语不及格，说明我爱国'，我认为也是如此，学好了外语如果考不上学，也是没用。老师你说对吗？"他用异样的眼神看着我，好像在说：老师，气死你！我笑了笑问："你家里有几口人？"他直言不讳地说："三口。"我说："是爸爸、妈妈和你对吗？"这时，他低下了头小声说："你说错了，老师，是爸爸、奶奶和我。"于是，我立刻感到，这是一个特殊家庭的孩子。我之后问："你爸爸是干什么工作的？""爸爸现在喂鸭子。"此时此刻，他的泪珠已在眼眶里打转。我趁热打铁道："你怎样知道将来就考不上学呢？只要你付出努力，考大学是不成问题的。""我，我能行吗？每一天看到爸爸累得难受的时候，我也想过，好好学习将来必须考上大学，让爸爸、奶奶跟着我享福。"我语重心长地说："只要努力就有机会成功！"他深深地鞠了一躬，说："谢谢！老师，我必须努力。"说完含着眼泪走出了办公室。

之后，在课堂上，我认真关注着这个孩子，不懂的地方他主动问我，而且还用心发言，每节课都多次回答问题，每次我都给予不同的鼓励。

一天，他的语文老师拿着他的日记对我说：孙老师，你看这篇日记。题目是《老师，对不起》。

我小学的班主任杨老师教我们语文，他教得很好，对我们都很友好。记得五年级时候，我们把在课余时间收集的废品卖了五十多元钱，老师说："咱们买几本书吧，来提高我们的作文水平。"我们同意了。于是，老师给我们买了许多作文书放在教室里，酷爱读书的同学爱不释手。这样，同学们的作文水平有了提高。但是就在快要毕业的时候，我和同学们一合计，毕业了书归谁？于是，我便主动和老师说："老师，那几本书我们看够了，还是分给我们钱吧！"杨老师什么也没说，把自己的钱分给了我们。而此刻，他的妻子——孙老师又教我们英语，仍耐心地做我们的工作，想尽一切办法辅导我们，而我还气孙老师。所以，我要向孙老师说声对不起！老师，请您原谅我！

我看完后心理有种别样的感觉。想，这次教育成功了。

从此，他学习特别努力，成绩也很快有了提高。于是，我就借助他的事例来带动其他的同学一起步入了英语的殿堂。同时，我意识到：要不断地给学生以力量，给学生以自信。因为我们所教的学生，并不个个都是优秀的，他们的思想还很不成熟，要及时给予学生正确的指导。还有一部分学困生，对他们我们要差别对待，要善于发现他们身上的闪光点，给予他们自信的力量。爱，是精髓；爱，是我前进的指路灯；爱，更是我心中的永恒。我将用我的人格，去为教育事业撒下期望的种子，这样，才无愧，亦无悔。

松开了，攥紧的拳头

兰州市第七十一中学 吴 琼

有人说过，人因愤怒而导致失去理智的时间是12秒。人在生气的时候，忍一忍，只需要忍12秒，12秒一过，就不再有失去理智的疯狂举动了。

下午上班，三楼理科班有几个淘气的学生迟到了，站在教室门口，我过去询问。小艾同学扬着下巴，斜着眼，从态度到语气、眼神，流露出很大的不满，甚至是对抗。我很纳闷，也很生气，但我想起12秒的科学极限。我静静地没有动，也没看他。漫长的12秒过了，我让他跟我去四楼办公室。小艾同学极不情愿，但再也没别的理由，我还问他腿脚方便吗，能不能走上去，他说能。

小艾同学聪明，帅气，很有灵气，尤其在体育方面要身高有身高，要天赋有天赋，篮球、排球、足球样样精通，体育老师从高一就称赞他是多少年来都不曾遇到过的天才，动员他练体育，但是小艾同学练了一个多月，就不练了，他说没意思。体育老师说小艾同学吃不下苦。高二他又理科转文科，后来又转回理科去了。班长也爱干不干，但是身边却聚集了好几个同学，除了体育积极，无论是官方组织的还是民间约建的，他都义无反顾、冲锋陷阵、赴汤蹈火、勇往直前。

可不巧，最近他请假了，说是跟骨骨裂，反正早操、课间操都不能参加。第一次受伤的时候我还问过他，当时下午上学了，他在座位上给小伟同学鸡腿吃，那个时候他还拄着拐，后来索性一只脚跳来跳去，不用拐了。但如今他突然又说受伤了，不能继续参加跑操、做操等集体活动，不过没那么严重。真的好巧，周日我和儿子吃完牛肉面，儿子提出在操场溜达一圈再回家。我走到操场大门，老远就看到在篮球场上异常显眼的小艾同学所在班级的球服，仔细一看，有好几个他们班的学生在打比赛，小艾也在其中，跑得欢得很呀！压根儿看不出来是那个腿脚受伤跑不了操也做不了操的小艾。联想到最近小艾跟另外几个同学在他们班级中的表现以及他们跟班主任对着干的状况，我瞬间觉得，这个孩子，怎么如此不像话呢，难不成在学校里一跳一跳的是在装，是在表演，是演给老师看的？演技可真够高啊……

周一上班，有事去小艾班主任的办公室，刚好想起此事，就给小艾的班主任说了。也没在意办公室有个学生，她出去一五一十把我说小艾"好演员"的话告诉了小艾同学。而当时，他们代表学校跟别的球队打比赛，在2∶1落后的情况下，他在场下看不下去了，就上场用一只脚发力打球，终于扳回了比赛。他觉得自己为了集体而战，为了学校而战，为了荣誉而战，甚至不顾个人健康，而听到的却是"好演员"的评价，因此对我很有意见。知道原委，我很能理解小艾，也包容了他。当然，这些话，是在我忍了12秒之后才跟小艾交流得出来的。何止是12秒，我先是修理我的办公椅，小艾同学一边站着，估计内心也在嘀咕我怎么还不质问他，还不训斥他、向他怒吼……我都没有，真心让小艾同学失望了。我只是静静地修理我的办公椅。

事后，我给小艾解释了"好演员"的缘由，引导他站在不同的角度看问题，理解别人、尊重别人的看法。也引导他所谓的集体荣誉观——不能只在约球比赛的时候心中有班级、有团队、有学校，平时学习上、班级活动各方面更应该想到班级、想到团队、想到学校。纠正他，让他明白抛弃健康拼命上场比赛的弊大于利之所在。

我给小艾也分享了12秒的科学方法。让他也在极端生气异常愤怒的时候，把拳头攥紧，坚持12秒，拳头自然就松开了。这一松开，就是另外一番景象，会进入另外一个世界。

真诚以待，做好亲子沟通的桥梁

兰州市第六十二中学　连　郁

班主任工作任重而道远，它不仅肩负着对学生的德育教育和品格培养，更扮演着多重角色与身份。我们是班级的管理者、学生的指导者、心理工作者，还得是家庭教育的指导者……面对多重身份，我能做的就是真诚以待，用真心换取真心。

2016年我迎来了新一届学生，报到那天我很快在众多新鲜的面孔中锁定了一个女孩，个头不小的她身上有种优秀学生独有的气质，在众多小不点中尤为显眼。我心中暗喜，这就是我要找的班长。在让学生简单自我介绍后，我更坚定了自己的想法，她温文尔雅，小学还当过班干部，种种迹象表明这个女孩应该不错。开学典礼前几天的准备时间里，我委任她为班长，并暗中观察，发现稳重、认真的她确实是棵好苗子，后来的几次考试也证实了她成绩优异，是班里的"领头羊"。没错！她就是我重点培养的优秀学生。

校园生活总是过得很快，不知不觉一个学年就过去了，小张同学当班长很认真，学习成绩比较稳定。就在形势一片大好的情况下，从初二上半学期开始，我发现了她的变化：原本自信开朗的她变得沉默羞涩了，上课一向专注的她如今总是让人感觉心不在焉，之后她更是屡次迟交作业，成绩下滑得很厉害。

眼看着倾注心血的小树要长歪，我心急如焚。首先我找她谈话，语重心长地为她分析中考形式、分析人生走向——无果。之后，我针对迟交作业问题帮她分析原因，寻找解决办法，她只说："我晚上睡不着，就发呆，有时睡着时已经很晚了，早上听不见闹铃响。"我问她为什么睡不着？她却沉默不语。为了挽救这棵幼苗，我与其母亲进行了沟通，从她母亲的言语中，我能听得出她的着急与无奈。

通过沟通我找到了小张同学变化的原因：2016年年中，她的父亲因生意失败，精神几近崩溃，为了躲避家人的谴责，开始常年躲在外面，在工地打工。家中靠母亲一人照管，为了分担家中的经济困难，母亲不得不外出打工，而她工作的时间大多是下午至午夜。这一重大的家庭变故让这个女孩对人生产生了怀疑，更多的是迷茫，曾经被视为偶像的爸爸却在一夜之间变成了众矢之的，原本温暖的家庭，变得冷清破碎。迷茫的她开始逃避，什么都不想做，觉得一切都是在浪费时间。而母亲看到原本优秀的孩子突然间变了一个人，急在心中，却不知如何是好，只能不停地唠叨，还经常用父亲作比较来刺激孩子的心灵。就这样，原本关系亲密的母女变成了仇人，这给原本进入青春叛逆期的孩子注入了加速剂。当我将孩子叫到母亲面前时，我从孩子眼中看到了不耐烦、痛苦，妈妈还没说两句，孩子就不耐烦地开始顶嘴。我知道，我必须在这对母子之间架起一道沟通的桥梁，让他们坦诚相待。

首先，在开学典礼的亲子活动"逢水搭桥"游戏中，我特意安排这对母女参加，当许久不语的母女一起游戏时，我看到了母亲脸上的笑容。之后，我分别找两人谈话，我发现他们其实都能体谅对方，只是碍于两代人之间的鸿沟谁都不愿表达。于是，在2017年10月的一天，我把母女俩一起约到了学校的心理咨询室。在我的引导下，母女俩坦诚地沟通交流，将彼此的真心话表达出来，虽然还有些犹豫，有些羞涩，但这对母女却在谈话后找到了彼此的和谐相处之道。我要求妈妈每天找到小张同学身上的一个闪光点表扬孩子，要求小张同学每天用短信的方式对妈妈问候，而我每周会对母女俩进行跟踪调查，每周和孩子谈话一次，询问母亲的变化，然后电话联系她妈妈，了解孩子的变化。慢慢地我发现她迟交作业的次数少了，课间我又看到了她久违的笑容，成绩也稳步回升了，对班级事务重新燃起了动力。在2019年的中考中，虽然没有达到考上重点高中的预期目标，但总算考上了比较好的市级示范高中。

这个孩子的经历让我对我们平凡、忙碌而又琐碎的班主任工作有了新的认识和感悟：作为一名初中班主任，我们不仅仅要面对学生个体，还要面对形形色色的家庭；我们不仅是传道授业的教师，是班级的管理者，也是无数个家庭希望的寄托。我们必须了解每个家庭，走近每个家庭，耐心倾听问题学生的家庭故事，设身处地地为各个家庭出谋划策。我们不但要为师生沟通搭建平台，更要做好亲子沟通的桥梁。只有这样我们才能无愧于职业赋予我们的神圣使命。

建立良好师生关系

兰州市第八十一中学　孙　鹏

从事教育这个职业已有十几个年头了，一心兢兢业业地想做好本职工作。总是想把自己学到的知识尽数传授给学生，在工作中充满了自信心和使不完的劲。但是最近的一次月考，学生的学习状况把我愁坏了。

小祈同学的英语成绩只有15分（总分120分），是我任教的两个班级中分数最低的。我感到很心痛，小祈平时上课就十分懒散，不爱记笔记，更别说动脑筋举手发言了，这样发展下去，会影响他的成长的。我心里十分着急，决定与他好好谈一次。为确保谈话有成效，我认真研究了小祈的试卷，结果发现他答对的题目有半数是猜的，而且小祈是一个十分个性的学生，不合群、懒惰、作业常常拖拉，对学习满不在乎，但十分热爱劳动。心中有了底后，一次课外活动时，我叫住了小祈，他很不情愿地走到我面前，我问："明白老师为什么找你吗？""明白，考试没考好呗！"头偏向一边，双腿还在晃悠，毫无表情地说。

"什么原因？你明白吗？"

"没复习！"

真是满不在乎的样子，甚至还带有些许挑衅。

"那你打算怎样办呢？"

"我音标一个都不认识，26个英文字母都还没背全呢，怎样复习啊！"

听了他的这番话，我都懵了，初一的学生怎么会对这样基础的知识还不清楚呢。但我不能责怪他，否则他会更加缺乏学习的信心和动力。

"其实你是个聪明的孩子，而且十分爱劳动，为班级做了很多事，你明白自己的问题所在。你上课不是不想认真听讲，作业不是不想及时交，只是因为你心中有好多疑问。对吗？"

或许是我肯定了他的聪明头脑，表扬了他的劳动贡献，可能我正中问题要害，小祈开始低下头来，对立的情绪稍稍缓解了，我趁热打铁道："正因为你有疑虑，上课开小差了，做小动作了，这样下去可不行。老师想帮你克服、改正掉这些缺点。你说最基础的26个英文字母和音标你都有问题，老师想帮忙，你愿意接受老师的帮忙吗？"

"愿意。"也许是迫于无奈，小祈答应了。

之后，我对小祈强调了两件事：一是认真听讲和记笔记，下课检查；课外活动课时到办公室报到，一起补习。约定的补习时间到了，小祈却失约了。但是，小祈的作业倒是按时认真完成了。第二天上课，小祈满脸戒备地望着我，我若无其事地总结同学们的作业状况并表扬了包括小祈在内的少数几个认真完成作业的同学，而对于小祈失约的事情我只字未提，小祈脸上洋溢着自得的笑容，随后又有一丝不安，但整节课他都听得相当认真，认真记笔记。下课铃声一响，小祈没有像往常一样从后门溜出去玩，而是怯生生地走到我面前，我笑着说："小祈，你有事要和老师说吗？"

小祈手挠着后脑勺很不好意思地说："老师，我这天认真做笔记了，请你检查一下，好吗？还有这天下午活动课，我能到办公室请老师帮我补习吗？"

"行！"我开心地笑了。

从那以后，小祈像换了个人似的，表现十分好，还经常找我问问题，甚至主动找我背书了。到期中考试的时候小祈已进入及格的行列了，这就是他的进步。但愿小祈能持之以恒，更上一层楼。

初中生是一个个性和见识逐渐增长的时期，他们有自己的自尊心，而且十分强烈。教师不能简单地规定他们该干什么，不准干什么，不许怎样，更不能对他们加以呵斥和责骂，这样也许反而会招来他们的反感和叛逆。现代教育理念也推崇一种平等互动的师生关系，教师贴近学生，理解和信任学生。如何达到师生之间的理解和信任，建立良好的师生关系呢？我认为以下两点需要注意。

1. 教师要善于调控自己的情感，对学生有亲和力

教师的亲和力，能够赢得学生的尊敬和信任，能够获得学生的宽容和理解。教师不仅仅要关爱优秀学生，更应该去呵护那些学习困难、表现较差的学生。经常赞扬和鼓励他们，提高他们学习的信心。要把信任和期盼的目光洒向每一个学生，把爱心倾注于教育教学过程，要善于倾听学生的心声。

2. 教师要善于把握时机及时与学生沟通

很多教育的机会往往稍纵即逝，如果教师把握不住或者不够细心，之后就要花更多的时间来弥补。在批评教育学生时，既要顾及学生的自尊心又要做到趁热打铁，使学生心悦诚服地接受批评，改正错误。唯有如此，才能收到良好的效果，师生间才会更加理解和信任。

"心"教育

兰州市第八十一中学 吴 倩

还记得2005年走出大学校门的我,带着自己的年轻,怀揣着自己的热情,走上了三尺讲台,走上了这个既奇妙,又充满了未知和挑战的舞台。

每个人都拥有一颗心脏,它是我们人体中最为重要的器官。我不是教育专家,没有多么高深的理论,如果要给我的带班工作原则加一个名字的话,那就是"走心理论"。我用耐心与孩子们交流,我用爱心帮孩子们成长,我用真心为孩子们骄傲,我用细心给孩子们积累。记得著名演员周星驰先生的一部电影《大话西游》中,紫霞仙子对她所钟情的至尊宝说的那句经典台词:"我要进你的心里去看看,到底有什么?"心中留下了什么?参加工作12年,担任班主任近10年,细细回想,我也在不断地问自己:我在我的每一位学生心里留下了什么?

在我们班有这样一位同学——小谭同学,他是我们班的一名学困生,七年级期中考试的成绩是全班倒数第一名,跟大多数学生一样,他非常聪明,但是由于学习习惯差,没有明确的学习目标,导致其对学习不在乎、无所谓。跟家长多次沟通后,我了解到他的家庭状况:父亲入狱,母亲独自带着年迈的奶奶和弱小的孩子,为了生计,母亲外出打工,无暇照顾孩子的学习,只能靠他自觉,可偏偏他并不是一个多么自觉的孩子,作业不按时完成,上课不听讲,捣乱,打闹……他的问题总是层出不穷,没有片刻的停歇。他并不是我们班年纪最小的孩子,但却以他种种幼稚的行为,让同学们一致评价他为"小孩儿"。我相信各位有多年班主任经验的老师也都遇到过这样的孩子,面对他们,我们很无奈,也很无助。笔谈是我一直坚持运用的一项班主任工作方法,既保护了学生的隐私，又可以有效地了解到班级的情况，通过笔谈，我为他们提出努力的目标，我为他们打气加油。小谭的一份笔谈让我至今难忘，他这样写道："就因为我学习差，考得不好，妈妈就不让我休息，一天到晚地学习；就因为我学习不好，就不给我好脸，一天到晚地打或者骂我；就因为我学习不好，哥哥一来，就无视我；就因为我学习不好，我伤心、痛苦的时候不找我谈心；就因为我学习不好，有时连饭都不让吃。为什么就因为我学习差，就这样地折磨我？"不让吃饭？孩子在经历着什么？从这些话语中，我体会到这个孩子的委屈和无助，感受到他的自卑和愤怒，这些话深深地触动了我。是啊，这样的孩子不是更缺少爱，更需要爱吗？或许我们的关怀能改变他的态度。我第一时间联系了他的妈妈，这次不是告状，也没有投诉，我用平和的语气告诉她很多小谭的优点：性格活泼，开朗，尊敬老师，乐于助人，能与同学和睦相处，孩子本性善良，热情，单纯。我请她帮助我，多鼓励孩子的点滴进步，多支持孩子的学习。小谭妈妈在电话里由沉默到泣不成声，她的心情我理解，她的感受我也明白。她对我很是感激，她说她看到了希望，愿意和我一起努力，改变自己，帮助孩子！另一方面从孩子入手，我找时机，在班上表扬了他乐于助人的优点；我每天给他十个单词的学习任务，再利用一天的时间，逐一检查，过关了才放他回家；自习课时间，一定会让他把做错的数学题再做一遍，并且请班委给他耐心地讲解，直到他完全学会、学懂为止；在课下聘请他为我的小军师，针对他的每一次错误，我都请他为我出谋划策，解决这样的问题。而且，每次我都会给他一块巧克力，一方面是对他的感谢，一方面是希望他不要再犯这样的错误。他总说我就像母亲般无微不至地关爱着他，这让原本心中没有感受到很多母爱的他，受到了深深的触动。

　　于是，语言的交流和情感的沟通使我们变成了朋友，他真心接受了我的指导和建议，一步步地改变自己，从最初的排斥到接受，从被动到主动。慢慢地，他所犯的错误越来越少了，学习态度也比较端正，学习意识明显加强，更加地关心和热爱班集体。在最近的一次笔谈中他这样写道：树立个更高的目标吧！——语、数、英都在90分以上。我的那几个哥们儿都说我又疯又傻，我想把疯劲儿用在学习上。因为我也不甘愿一直像一粒尘埃，无所事事，游手好闲。让我赌一把！我看到了一个男子汉的决心，不知为何，有些感动。我告诉他，跌倒不可怕，可怕的是没有站起来的勇气；失败不可怕，可怕的是没有想要获得成功的决心。小谭同学，抓住这种感觉，带着你的目标，持之以恒，你会成为最好的自己！我想，我的教育方式走进了他的心里，发挥了积极的作用。刚刚过去的期中考试中，他取得了较大的进步，欣喜之余，我会用更加坚定的信念继续陪他走在前进的路上。看到他的转变、他的努力和进步，大多数同学也获得了信心，班里良好的学习风气日渐浓郁，形成了积极向上的班风。我想，班主任的工作不仅仅是对个体的帮助，也是通过对个体的帮助去影响更多的孩子。

燕子去了，有再来的时候；杨柳枯了，有再青的时候；而岁月却是如流水一样一去不复返了。多年来，我在讲坛上不断地上演着自己的教育教学故事，许多都已随着时日的流逝而渐渐淡忘，可也有一些就如同树根一样深深地扎在了我的心上。虽不惊天动地，但仍历历在目，感悟至深。

这么多年来我或多或少地获得了一些荣誉，当然这其中少不了优等生的贡献，但是作为班主任，留给我更宝贵财富的却是学困生，他们帮助我提升了我的能力，锻炼了我的意志，也带给我莫大的惊喜。我还将继续保持初心，对工作有热心，对学生有爱心，发现问题细心，处理问题精心，思想工作耐心，做事情用心。回到我最初的那个问题——我为学生留下了什么？可能是美好的回忆；可能是成长的经历；可能是共荣辱、同进退的相互支持。而这个问题倒过来再问问自己：学生留给了我什么？是成长，是快乐，是信心。让我走进学生心里，让学生驻留在我心里！往事如风，我还将在继续走在心的这条大路上！

我的叔叔

兰州市第七十一中学　李　莉

　　曾经带过一个学校历史上最乱的班，班上学生学习成绩也很差。临近中考的时候，一个挺调皮的男生来找我说，老师你给我布置一篇作文，我练练。我以为他一时兴起，就对他说："好啊，中考就考写人记事的记叙文，你就练练怎么写人记事。""那我具体写谁呀？"我说："你就写你生活当中特别想写的事情，你特别熟悉的人，你特别愿意写的人，谁都行。"其实我也没指望他写，以为他就是随口说说，有时候对于基础较差的学生，我不得不选择一些更容易完成的目标，对于作文，他能不抄阅读题里的文章，把字数凑够就可以了。我对他把作文写好是没什么指望的。

　　没想到很快他就拿来了第一只"板凳"，题目叫《我的叔叔》。那时候很多语文不好的初中生的作文里不是自己生病，日夜在床头照顾他的妈妈；就是下雨了，来送伞并只拿一把伞，自己淋雨，让他打伞的爸爸；再不就是课堂上晕倒后，背他去医院并最后倒在医院门口的老师。他不一样，他写了从小疼爱他的叔叔。父辈那一代家里孩子多，叔叔是最小的，也是最疼他的，但凡有钱就会拿来给他买零食，有时候是糖葫芦，有时候是爆米花之类的。文章很短，只有三四百字，语句也不通顺，错别字满篇。我告诉他文章得写细节，你就写写叔叔怎么对你好，有些什么特别的事儿，特别的场景能记下来。动作、语言、你怎么想的，都可以写进去。同样我没指望他拿来第二只"板凳"。因为作文对于很多学生而言就是一次作业，评语也只是看完就算，并不会照这个意见修改，重新再写。

　　出乎意料的是他很快就拿来了第二稿，里面补充了很多细节，他写叔叔总是在过年的时候把他架在脖子上，扛着他去看社火。那时他感觉自己可以够得着踩高跷人的脸。修改了词句，理顺了内容，我问他为什么要写叔叔。他告诉我，其实叔叔在10年前就不见了。我问他是失踪了吗，他说也是也不是，就是杳无音信，跟《我的叔叔于勒》里面的叔叔一样，好多年都没有了他的消息。

他还告诉我，叔叔除了爱他，有很多坏习惯，因为他叔叔是家里最小的孩子，颇受溺爱，所以老大无成，游手好闲，经常跟一些不三不四的二流子一起打牌。有一次出去和朋友玩，就再也没有回来。说这些的时候，他眼睛里充满忧伤。我告诉他，把这些也写在文章里，尽量写一个有想法的结尾。

很快，第三只"板凳"也拿来了，我告诉他，你这个作文就跟爱因斯坦的小板凳一样，一个比一个要好，这第3个是最好的。就跟于勒叔叔一样，这是一个有期盼的结尾，他说他希望他的叔叔能挣好多钱，有一天穿着漂亮的新衣服突然出现在他面前，再一次把他抱起来，拼命、用力地转圈，让他感觉自己像是飞起来一样。

巧合的是就在第三稿交给我才几天的一个炎热下午，我刚到办公室没多久，他就站在了我面前，瞪大了有些微鼓的眼睛，嘴唇发紫，身体有点发抖，什么话也不说，只是大滴大滴地流着眼泪。我问他到底怎么了，他抑制住情绪后才告诉我，他的叔叔去世了。

我很震惊，只能安慰他，虽然这个结果不是我们想要的，但他终于知道叔叔在哪里了。后来等他情绪平复，我们又聊了很久。

我是你身后的力量

兰州市第八十一中学　吴　倩

这注定又是一个不眠的夜晚，好友的母亲突然生病，短短的十五分钟就不省人事，送去医院直接进了重症监护室，诊断结果是患了严重的脑出血，医生甚至不建议做手术。而此时的好友却远在云南开会学习，连夜订了机票，坐最早的航班飞回兰州，而在医院得到的消息竟然是——要不要撤掉抢救的仪器？好友赶到医院，我看到他满是血丝的双眼，头顶一夜间生出的白发，终于相信书上所说的："愁多白发生"。一分四十秒，是母亲与他最后的时光，也是我们度过最短的时间，我们多希望时间过得慢一些，他们的相聚时光能再长一点儿。他拉着她的手，一直在喃喃自语，是啊！还有太多太多的话没有说出口，还有太多太多的情感没有来得及表达，这一切就要被迫以这样残酷的方式结束了。作为朋友，我只能看着他如木偶一般，进进出出，忙里忙外，我除了陪伴在侧，陪他说说话，分散一下注意力，也没有什么更多能为他分担的事情。

刚过了十二点，我的手机屏幕亮了起来，闪着一连串数字，是一个陌生的号码，"这么晚了，一定是个骚扰的电话，不接了"，我心里想着，随即按了一下静音键，继续听好友描述他记忆中年轻漂亮的妈妈，诉说母子之间的"小插曲"。一分钟后，手机再次响起，还是那一串陌生的数字，这应该不是骚扰电话吧。"喂，你好！"我接通了电话，礼貌地打招呼，而电话里却静悄悄的，毫无声息。我看了一眼手机屏幕，通话计时的跳动告诉我电话是接通的，"喂，喂，能听到吗？请问你找谁？你是哪位？"我接连问道。"老师，我想你了！"慢慢地，一个女孩儿的声音传来，接着便是一阵啜泣。幸亏今晚还没睡，不然就错过这份"想念"了，多可惜！

小佳，一个小女孩的脸庞立刻浮现在眼前，皮肤白白的，笑起来有两个深深的酒窝，中等身高，人比较清瘦，总是扎着一个高高的马尾辫儿，对人诚恳有礼，性格活泼开朗，总是蹦蹦跳跳的。记得在运动会中，她以娇小的身姿屡次刷新一百米短跑的记录，是我们班的"小兔子"；在学校艺术节上，她和同学们一起编排了舞蹈《千手观音》，赢得得了第一名，是我们班的"小仙女"；在朗诵比赛中，她那掷地有声、铿锵有力的《少年中国说》赢得了全场热烈的掌声，她是我们班的"小太阳"。她是我上一届的学生，已经毕业三年了，应该是一名刚刚结束了高考的学子吧，看来高考成绩不太理想，孩子感受到了人生中第一次大的挫败感。想到了这些，我很高兴地回答她："哦，是小佳呀，我当然记得你，记得初二时的学校朗诵比赛中，你代表班级参赛，获得了第一名的好成绩，对吧？"我想在面对挫折的时候，那些在美好的时光里，曾经获得的荣誉就像是灰色天空中唯一的一道光线，也像是冬日里那暖人的阳光，给人力量、希望。可是，电话那头却沉默了，我听到了低低的哭声，心里是越来越沉重的担忧。"孩子，怎么了？不要让我为你担心，好吗？如果你有郁闷的事情想说，我愿意是你的听众。人生的道路会有荆棘和挫折，但是也有鲜花和掌声。我们都不会一帆风顺，所以我们要有勇气和力量，没有解决不了的难题，没有过不去的坎儿。随着时间的推移，你会知道曾经的这些磨难是多么令人难忘和享受的一个过程。无论何时，不要轻易放弃自己，也不要轻易地放弃我们多彩的人生，因为你还有无数的机会在未来！"通过这些安慰的话语，孩子慢慢地跟我说了事情的经过：高考成绩出来了，却并不理想，今天一家人在商量如何填报志愿的事情，结果爸爸妈妈的想法和小佳的想法出现了分歧。加上对她成绩不好的这份怨气，爸爸不仅开始谩骂，而且在冲动下，动手打了小佳。小佳一时接受不了，把自己关在了房间里，她越想越气愤，觉得自己委屈和生气，她想到了结束自己的生命，她觉得生活中没有温暖和留恋。就在这个时候，她突然看到了放在书桌上的初中班刊《致青春》，她随手翻了几页，想起了初中三年的点滴过往，想起了我，于是给我打了电话。我静静地听完了她的讲述，内心是对孩子满满的心疼和牵挂，高考的失利已经给了她重重的一击，可是父母的不理解和专制又强硬的做法让她彻底丧失了自信心。可是站着旁观者的角度公平地说，我也很理解小佳父母的心情，为人父母，当然望女成凤，虽然做法有些偏激，但是父母也是用心良苦。停顿了一下，我将自己的想法跟她分享，可是孩子还是很激动，她坚持自己的想法：父母不理解她，不尊重她，不爱她！她用了三个非常严重的否定句，我也是一个妈妈，我理解她的父母，于是我在电话里跟她这样说："是啊！理解就应该会懂得你的难过，尊重就应该让你自己去选择，爱就应该无条件地包容。可是，你忽略了父母的感受，他们也是人，是最关心、最在意、最爱你的人。孩子，你不懂！"我抬头看了看周围的环境，看了看周围的人，继续问她："你知道我在哪里，在干什么吗？"她说："不知道啊，老师，我是不是打扰你了。""没有打扰我，我在陪朋友，我朋友的母亲突然离世，他很难过。"情绪将我的话打断，眼泪瞬间充满了眼眶，我断断续续地将朋友的遭遇讲给她听，连同我们的无奈和痛失亲人的悲伤情绪一起讲给她听，我相信她依然是那个善良又热情的女孩。此时电话的那头仿佛感受到我的心情，她马上安慰我说："老师，你不要难过，相信他的妈妈也不希望你们伤心。""谢谢你，所以我们都要好好地生活，爱身边的人，珍惜拥有的一切，哪怕是困难，也会是我们宝贵的收获，对吗？希望你鼓起勇气，像初中时的小兔子一样一往无前，像艺术节的小仙女一样有满满的活力，像朗诵时的小太阳一样拥有自信。小佳，不要害怕，我永远站在你身后，为你加油！""好的，老师，谢谢您！我不打扰您了，我去跟爸爸妈妈好好聊聊，您放心吧！"听着这暖人的话语，我仿佛看到了一个青春少女浅浅地微笑着，她迈着坚定的脚步，走在阳光明媚的蓝天下。

　　那个夜晚，就这样静悄悄地过去了，仿佛一切都不曾改变，但仿佛又改变了许多。无论是我的朋友，还是我的学生，我都会一直站在你身后，烈日时为你遮阳，落雨时为你打伞，荣耀时为你鼓掌，窘迫时为你加油！我就是你身后的力量！

别着急，慢慢来，先改变自己

兰州市第七十一中学　苏亚丽

今日刷到一则新闻。13岁女生在学校扫雪后手变黑，家长带她求医，去医院一问后直接崩溃了，手指险被截肢。小朋友从县医院到市医院，再到总医院大约花费了六个小时，也就是说因耽误了六个小时险遭截肢。事情经过大概就是这样。

引起我注意的是下面的评论：这些老师太黑心了，竟然让这么小的孩子扫雪六个小时，接下来就是一连串的抨击，无非就是老师如何如何黑心地让学生劳动，自己却舒服地坐在办公室。面对那些看都不看，随意进行恶意攻击的人，我真想狠狠地骂他们一顿。手放在键盘上，我陷入了沉思：教师节到了。刚刚上课就听到隔壁班的同学在说"老师，节日快乐！"面对此情此景，我们班的一个同学哈哈大笑，似乎在嘲笑隔壁班的"无知幼稚"。发出笑声的就是我一直比较关注的小斌同学。

小斌同学英语成绩特别差，其他科目成绩倒也还不错。刚当老师的我激情澎湃，想着，遇见那就是种缘分，只要他是我的学生，我就会让他感受到来自我的爱，于是便有了之后的故事。我总会把小斌叫到办公室，一个单词、一个单词地讲，一个结构、一个结构地分析，陪着他一起背单词，陪着他一起去做题。这其中当然也有不少辛酸，我太严厉了，小斌不喜欢听；我放松一些，他便跟我开起玩笑来，哈哈哈笑个不停。给他布置一点点作业，他总是从网上搜。跟他谈心，他恳切认真地说他在努力。我一天天坚持着，一天天期盼着，我相信，三言两语是改变不了学生的，坚持才是王道，他忘了，我提醒他，他做得不好了，我帮他纠正，一点一滴，总会有所改变的。然而，后来发生的事让我发觉一切只不过是自己的一厢情愿，自欺欺人。

一节自习课上，班里边有些不安分，我生气极了，推门进去，说道："都很闲吗？闲的话就加作业。"小斌当着众人的面怼我一句："谁吵让谁加去，反正我不加。"听到这话，我已经顾不得他们作业多不多，我只知道这话竟然是我抽空辅导了一个多月的学生说的。我还想着再辅导辅导他，变着花样辅导，说不定他就对英语有兴趣了呢。但这句话让我很失望，本以为学生已经感动了，那一刻才发现是这般模样，不知道是我软弱无能，还是他忘恩负义。

早上开始跑操了。小斌刺耳的笑声从开始一直持续到了结束。班上其他三个同学也在跑操队伍中打打闹闹，显得格外"耀眼"。为了整治班级，树立威严。我命令小斌和其他三个同学再跑三圈。三个捣乱的学生都开始跑了，唯独小斌留在原地，一动不动。他振振有词地嚷道："我没玩，你把我留下干吗？"气不打一处来的我也喊道"那你笑了没？"几次的怒火积攒到了一起，我继而厉声吼道："你跑不跑？""不跑。""好，我算是看透你了。"是的，给好心也不能给好脸色，想着在我吼完之后，他会去跑。带着愤怒，我往教学楼走去，谁知我前脚一迈，他后脚就跟上，嘟囔着"我不跑"。我的怒火在他面前就像个小丑一样，表演得如此拙劣。

走了五六步，我回了头。我不知道这样僵持下去会是什么情况。迟疑了一下，我叫住了他，按捺住内心的愤怒，温柔平和地问道："你觉得你这样做对吗？你为什么总是要顶撞老师呢？你知道什么叫作礼貌吗？你有什么不满意完全可以过来跟我商量。当着全班同学的面顶撞，合适吗？孩子。"

"那我就是觉得不公平。笑的不只是我一个人。""不公平，你可以事后找我呀，来，握个手，我们都反思反思。""那你让小林陪我跑。"我挥挥手，他的身影一掠而过，跟着跑了上去。还好我回了头，要不然以他的倔强，我还真不知道该如何收场。

我的手依旧停留在键盘上，面对那些不问事实随意进行恶意攻击的人，我再也不想回骂了，三毛曾说："今日的事情，尽心、尽意、尽力去做了，无论成绩如何，都应该高高兴兴地上床酣睡。"

一转眼，一年过去了，小斌再也没有来过办公室，不过我已经不用原来那个方法了，并且已经坚持使用新方法一年了。"你这家伙，胆儿肥了！"见我的脸上都是蛋糕,小斌又哈哈大笑了,只是再也没有了以前的那种刺耳,今日听来,格外清脆、天真。"老师好福气,2020年的喜气全被你沾了。"

我再也没有尝试改变过小斌,但凡我对他有任何的影响、改变,在此之前我总会先做一件事:改变自己。

鼓励比批评更需要

兰州市第八十一中学　孙　鹏

我想每个教师肯定有很多自己的教育教学故事。虽没有那么感天动地的故事情节，但也有印象深刻和意义深长的故事情景。陶行知先生有这么一句话震撼了我的心灵：真的教育是心心相印的活动，唯独从心里发出来的，才能打到心的深处。

面对班里的那些学生，他们是那么的年幼无知，一切行为习惯，生活、学习习惯都要老师慢慢地教、学生一步一步地学，那得需要多大的耐心呀。为了建立良好的班级常规，树立我的威信，我开始板着脸孔组织学生活动，上课时只要有一个学生说话或搞小动作，都会引起我的关注。经过一段时间，班级常规是建立好了，学生们的生活、学习习惯也比之前有了较大改善，但是他们也很少黏着我谈天说地，我多少有些失落，怎样才能让孩子们既听话又不敬畏我呢？我开始思考。

学生们都是爱听表扬、鼓励的话，也喜欢被老师、同伴关注，"温严并用"这个词这时浮现出来，对了，我何不多多对学生使用表扬和鼓励呢？之后在上课的时候，我总是用表扬的语气对学生说：我相信你能做到，能做得更好。刚开始效果甚微，但在后来的一日活动的各个环节中我总是坚持鼓励他们，并且设立了奖励制度，只要举手回答问题、遵守规则、按时完成老师布置的各项任务、知错就改的，有一点点进步就奖励一个红苹果，苹果集满三个就能够到老师那里换一颗糖果。久而久之学生们能够在不遵守规则的时候、与别人打架的时候、吃饭睡觉不好的时候，只要我一说鼓励、表扬的话就能迅速专注、尽快改正。但是出现问题的时候我也是会严厉批评的，此刻学生都明白老师有时候对他们严厉批评，并不是不爱他们，而是期望他们更好，所以对我的态度也既敬又亲。

虽然这些经历是老调重弹，但是我们老师往往是气过了头而忘记方法，一味用冰冷的面孔熄灭学生心中的热情，使师生关系冰如死水。要明白良好的学习氛围和融洽的师生关系才能更好地激发学生参与活动的兴趣，发散他们的思维。教师要善于发现学生们身上的闪光点，对他们进行表扬和激励，鼓励的话会成为学生们奋发向上的动力。

班上有这样一个小女孩，聪明伶俐、活泼可爱，参与各项活动都很用心，而且小嘴巴能说会道，好像一只小百灵。但她父母没时间管她，年迈的爷爷、奶奶宠着她，她自己由于年龄还太小，虽有几分聪明，但自制能力不强，且爱哭鼻子。有一次，她因为不会折纸而急得大哭，我劝了她好久也没能安抚她的情绪。从此，我就留心地观察她。还有一次，她和同学玩投沙包，一连输了四次，竟跑进教室里又大哭了一场，哭完了又拉着那个同学再玩投沙包游戏，直到赢了才罢手。经过再三观察，分析她每次哭的原因，我发现她爱哭正是她自尊心强的一种表现。于是把她争强好胜的性格特点，引导发挥到唱歌、讲故事上来，同时给予她具体指导。这样，经过一段时间，这个小女孩的歌唱得悦耳动听，讲起故事来有板有眼，在班上的讲故事比赛中，她被同学们评为故事大王。

我体会到：教师要做到善于观察，勤于思考，注意发现学生身上闪光的品质。心中隐秘的活动，脸上流露的神情，生活出现的异常行为，这一切即使刚刚露出端倪，不会引起常人的注意，也应成为教师捕捉的对象，或是因势利导，或是防微杜渐，并用自己创造性的手法来影响教育的进程，规范学生的行为。

初三，让我与你同行

兰州市第八十一中学　吴　倩

本学期是分班以后的第一个学期，作为初三年级的新面孔，我面对很多的挑战。从陌生到熟悉，从疏远到亲近，从排斥到接受，在这些酸甜苦辣中，我们一起度过了初三的第一个学期。而这些经历都给我极大的感触，也为我日后的班主任工作提供了经验和教训。

首先，继续抓好学生的日常行为习惯养成教育，抓住学生点滴的情绪变化，及时解决问题。初三上学期，许多学生开始在思想上出现了极大的变化，特别是很多学生已经进入"反叛"时期，常常认为自己已经长大，不再需要这些条条框框的约束，因而在思想上更加麻痹、松懈。作为一名班主任，我在学期伊始，召开班会，让学生重新学习并体会遵守规范的重要，从思想上给学生以深刻的认识。在实际工作中，抓住日常学习生活中的不遵守课堂纪律的、课上睡觉、不完成作业甚至出现与教师顶嘴等行为，对学生进行"换位"思考，并进行积极教育，让学生在反省中受教育，得真知，约束自己，培养自己良好的行为习惯。尤其是针对初三学生思想复杂、偏激、情绪不稳定、多变的特点，及时地发现他们存在的问题，同学生进行谈心，及时解决问题。同时，利用课堂时间及英语教学的特点，积极开展文体活动，丰富学生的业余生活，引导学生将情绪正常地宣泄，尽可能地调整他们的心态，让他们积极投身于班级的各种活动中。

其次，积极培养学生正确的人生观、价值观，并会同各学科教师多方面、多角度地激发学生的学习兴趣，让他们掌握科学的学习方法，提高学习成绩。

针对中学生此阶段的心理状况，适时地抓住学生存在的问题，开展各种形式的班级讨论会、演讲会、读书报告会等活动，或者以跟部分学生谈心的方式，结合初三的特点及时地让学生写出个人的短期、长期目标，使学生树立正确的人生观、世界观。与此同时，在课堂提问、听写、单元测试等学习活动以及其他类型活动、竞赛中将学生的表现通过加减分的形式具体化，激发他们的学习兴趣，增强学生的个人竞争意识，也锻炼了学生的能力。

再次，积极会同各学科教师在教学中帮助学生，探讨教育学生的方法，用大家的智慧解决问题。本学期利用课余时间经常同其他任课教师讨论班级管理问题、班级存在的问题以及用怎样的方式教育管理学生，积极地向各位教师学习先进的班级管理、学生教育的经验，取得了较好的效果。特别是在新学期开始，班级中出现了大量学生上课迟到的现象，及时发现不良苗头，及时地纠正，让学生写出说明，并给学生一个改过自省的机会，同时在班内开展"我为什么来学习"的大讨论，使学生在大家的关注中将此消灭，并且通知任课教师以及学生家长，及时关注这类问题，共同解决问题。

积极同家长联系，及时了解、掌握学生情况，共同管理教育学生尤其是在期中考试以后，借鉴了其他班级的方法，采用交流册以及量化评比汇报单的形式及时向家长反映学生情况和了解、掌握学生在家的学习情况，达到共同管理教育学生的目的。

最后，完善班级的管理制度，将竞争机制引入班级管理当中。班级实行竞选与考察相结合任用班主任助理的方法，锻炼学生的自理自立能力。同时将权力下放，在开展各种活动时，积极发动学生，创设各种机会，给学生自由活动的空间，提高学生的自我管理能力。在初三阶段的班主任工作中，当然也有问题存在：在管理方面，需要更加科学、民主；学生的知识能力层次不一，差距较大，在处理问题时还有一些急躁；对于学生的部分心理变化，还不能很好地掌握；关心、爱护学生还不能够全面到位。在今后的工作中，我将继续努力，继续跟有经验的教师多请教，多学习，取得更优异的成绩。

真情付出换来了真情回报，孩子们一句"老师，您路上小心！""别太辛苦！""身体好点儿了吗？"都让我深感欣慰，感动不已，因为他们已经学会了关心他人，播撒爱的种子，这对于我来说就是最大的成功。冰心曾经说过："世界上没有一朵鲜花不美丽，也没有一个学生不可爱。"的确，学生是美丽的，只要你善于发现，因人而异地采取恰当的教育方式，一定会惊喜连连。只要你给学生一点阳光，他们回报你的将会是整个春天。

我想更懂你

兰州市第七十一中学　贺建楠

经过上次山楂条的"贿赂"后，学生除了背书的激情高涨了很多之外，好几个学生开始跟我问不懂的问题，之前跟我处于"零沟通"的学生，也慢慢开始和我沟通，甚至还有同学竟然组团加我QQ，不时跟我线上交流。

不知不觉，我为人师也一年半了，但是和学生沟通这方面还是毫无头绪，所以在这一年半中基本就是"零沟通"。但是这次给他们买山楂条后，学生开始理解我，不再把我当成严厉可恶的老师，而是从心底开始接纳我这个比他们大几岁的姐姐。看见我时，他们不再像老鼠见了猫，而是高高兴兴地和我打招呼，并且开始主动跟我问问题，私底下跟我的互动也多了起来。原来，他们的心也在慢慢地和我贴近。

小王同学是最早加我QQ的，刚加上就对我说："老师，这两天辛苦一下，你加个班，最近要期末考试了，我觉得按照班里现在这个速度这本书肯定背不完了，所以我想麻烦老师先把剩下的几个单元的重点罗列一下，然后我把后面的背一下，备战期末考试！"看到他的这段话，我真的被小王感动了，我没想到这些学生其实也有上进心，只不过以前我的方法不合适，没感受到学生的努力。于是我立马给他回了消息，"你有这个心，老师真的很高兴，这两天老师就把剩下的重点罗列出来，周一给你。"然后小王就开始跟我闲谈起来，聊了几句后就开始给我吐槽，现在最讨厌的就是英语和数学，而且不管怎么学，成绩还是未见起色。从他的话语中我能感觉到如果再找不到合适的方法，他很可能会放弃数学和英语。于是我就拿我当年读高中时的亲身经历和他进行交流。我跟小王说，其实我在上高中的时候数学也是特别差，150分的卷子我只能考到

50多分，小王显然不相信我说的话，他说："老师，你是在安慰我吧，你要是考那么差，怎么上的大学呢？"于是我语重心长地跟他说："老师没有骗你，这就是老师真的经历过的，我学了三年数学，还是学不懂，最后我就放弃了数学，放弃了好轻松呀，我不用再做那些我根本看不懂的数学题，还可以把精力放到其他科目上，一举两得。就这么度过我三年的高中生活后，高考成绩给了我致命的打击，数学成绩惨遭滑铁卢。看到成绩后我一点都不甘心，我一点也不满意我的高考成绩，于是我决定复读一年。复读的那一年简直是我人生的噩梦，因为数学是我的弱项，所以每天我都花大部分的时间学数学，自习课上或者课间，我就抓住数学成绩好的同学问问题，就这样坚持了一年，第二年高考的时候数学成绩比原来提高了一倍，我终于如愿考上了大学。"小王听了我的经历以后，深感佩服，他说："老师，你当年能做到的事，我现在也能做到，我被你的坚持打动了，以后我再也不怕数学和英语了。"就这样，小王在和我交流后，克服了对数学和英语的恐惧，开始了他的学习之路。这次交谈后，小王和我的交流明显多了起来，生活中有什么困难也跟我说，下课也常常拿着不会做的题跑来问我，我和他的关系越来越和谐。越来越多的学生也慢慢开始和我交流……

我现在才明白，以前和学生关系紧张是因为我不懂得如何与学生沟通，我总是把自己端起来，摆出高高在上的姿态，一副拒人千里的模样，非常高冷地面对他们。每次学生出状况，我总是先入为主地批评他们，从来没和他们面对面地交流过内心真实的想法。

从和小王的交流中我积累了经验，开始懂得如何与学生进行有效的沟通，明白了作为一名教师，放下身段去接近学生的好处——不仅是"我想更懂你"，而且是"我会更懂你"。从"我想更懂你"到"我会更懂你"的变化，是师生之间的有效交流和沟通多了，相互理解多了，体谅对方多了，良好的师生关系建立起来了。有良好的师生关系做基础，学生的成绩自然就会提高。

这样一来，表面看起来是教师放下了身段，"我想更懂你"，其实，是教师收获了来自学生的敬重，也收获了源于教育的幸福，成就了自我。

爱就是教育，教育就是爱

兰州市第八十一中学　孙　鹏

我国著名教育家陶行知先生说过：真的教育是心心相印的活动，唯独从心里发出来的，才能打到心的深处。这句话深深地震撼了我的心灵。它不仅仅体现了先生个人所具有的伟大师爱，也是先生在勉励我们这些园丁要爱满天下，因为关心和爱护每个学生是教育工作者的天职！

从事教育工作已有十几个年头了，回忆过去教育中的点点滴滴，我最大的收获就是明白了：爱就是教育，教育就是爱。因为爱，让教育变得不再寂寞。

还清楚地记得他——小张，他是一个很有个性的学生。刚接手小张所在的这个班的时候，我只了解，小张是个学习有障碍的学生，成绩很不理想，但是他很好学，不懂就问，作业从不拖拉。与他接触了一段时间后，我进一步认识了他——一个不仅仅爱学习，而且负责、关心班级的学生。看见地上有纸屑他会主动去捡，看到饮水机上没水他会主动去搬水，看到教室没人打扫他会主动留下。但是，人非圣贤，孰能无过，小张也有缺点，他喜欢吐口水，弄得桌上、本子上都脏兮兮的。这也就成了同学们不喜欢他甚至厌恶他的主要原因；其次就是小张是个学习有障碍的学生，成绩极不理想，所以同学们都不跟他玩，不跟他交流，这让小张变得越发自卑和孤独。"喂！你有没有搞错，干吗把我的本子和小张的放在一起啊！"一位同学很是恼火地冲着收作业本的组长大叫，便一把抢回自己的作业本。"踢给我，快！踢给我！"一群同学拿着小张的笔袋在当球踢，而小张先是奋力想抢回自己的笔袋，但毕竟势单力薄，所以只能坐在地上哭……

当班干部将这一件件令人愤怒的事情告诉我时，我难以控制自己的情绪，很想立刻为小张打抱不平。于是，我把这些学生叫到跟前说教一番，然后看着他们给小张道歉。但是，这样做治标不治本，过不了多久，他们又恢复原样了！

我该怎样办？如今的学生怎么这样了？为何会如此冷漠？我该怎样帮小张呢？为这事，我伤透了脑筋。

偶然的机会，在同事的推荐下，我看了一本名叫《一百条裙子》的小说。小说的主人公是一位名叫旺达的女孩，她家十分贫穷，住在离学校很远的山上，每一天她都要走山路去上学。而遇上下雨天，泥泞的山路总会让旺达变得脏乱不堪。在班级里，她经常遭到一帮女孩子的挖苦、嘲笑。她们常常以取笑旺达为乐，这已习以为常了。无论是在教室里，还是在校园的某个角落里，或是在放学回家的路上，都会听到女孩们取笑旺达而发出的阵阵笑声。女孩们最喜欢用一百条裙子来取笑旺达。事情是这样的：因为旺达家十分贫穷，所以旺达每一天到学校总是穿一条洗得褪了色的蓝色裙子，大家就拿这个嘲笑旺达，而旺达却很平静地告诉她们，在她家的衣橱里放着她一百条裙子。女孩们明白这显然是不可能的，这是旺达在说大话。于是，之后，她们就经常用一百条裙子来取笑旺达。之后，为了谋生，旺达一家搬迁了，她也就不再上学了。刚开始，女孩们还因为少了一个取乐的对象而感到失落，但不久就把旺达忘在脑后了。直到之后，在一次服装设计比赛中她们看到了许多精美的设计图，每幅图上都画着一条裙子。正当她们纳闷的时候，老师进来宣布了大赛的优胜者——旺达，大家所看到的就是她设计的一百条裙子。之后老师又读了旺达的一封信，信中旺达将她设计的一些作品赠送给这些女孩。女孩们突然感觉到一阵难过，为之前对旺达的所作所为而难过。她们很想面对旺达说声对不起，请求她的原谅，但是旺达已经远离了这座城市。

看完小说，我不免有些伤感，为旺达的遭遇，但更多的是敬佩，敬佩旺达的宽容。也感到欣慰，因为女孩们最终认识到自己的错误，认可了旺达，理解了她，我相信，如果她们还聚在一起，她们能够成为好朋友的！

很快，我联想到了小张，旺达和小张，他们有着很多共同点。平常为了帮助小张，我经常训斥那些学生，可不见效果。是的，学生毕竟是学生，我不能强行压制他们的行为，我只能用爱去感化他们，唤醒他们心中的爱。我要把这个故事讲给班里的学生听，或许他们会有感触，从而接纳小张。于是，我花了整整两节课的时间,声情并茂地将这个故事讲给学生们听。当场就有几个学生小声地抽泣,我明白,我成功了!果真,第二天,在学生们的周记中,我看到了一行行真诚的话语,充满了懊悔和歉意。

老师,我明白我错了,我不就应该取笑小张,以后我会跟他一起学习、一起游戏,给他更多的关心。

老师,谢谢您!您真是用心良苦。我此刻已经深深地认识到自己的错误,我会帮忙小张,让他不再孤独。

小张,对不起!让我们一齐努力吧!我相信你的成绩一定会进步的!让我们成为好朋友吧!

看着这些发自肺腑的话语,我的眼角湿润了。

打铁趁热,我又在班里举行了一次名为"相亲相爱的一家人"的主题班会。学生们通过"我们一起来努力""我们都是好朋友"等活动,变得更加团结了,班级凝聚力更强了。

此外,平时只要有空,我就会和小张一起游戏,教他做题,送他小礼物,或者搭着他的肩与他一起漫步、谈心。我的这些爱心举动不仅仅让小张感受到了温暖,同时也进一步感化了班里的学生。

此后,我经常会看到大家和小张一块儿游戏,或是给他讲解题目,或是主动借给他学习用品,或是放学一起回家。爱,能够让人变得坚强,变得自信,变得勇敢;爱,能够让人学会理解,学会宽容,学会关爱;爱,能够让人拥有幸福,享受快乐,充满活力;爱,是人类最美丽的语言;爱,是世间最伟大的力量。我用爱唤醒了孩子们心中的爱,孩子们用爱温暖了小张温暖,让他不再寂寞,让他幸福地笑了。

春风化雨

——用爱心架起沟通的桥梁

兰州市第八十一中学 吴 倩

这学期我继续教授初三（2）班的英语课。开学伊始，我和同学们谈心交流，了解和掌握他们的英语基础和对英语的兴趣。通过调查，我发现有10%的同学虽然知道英语学科的重要性，但是几乎从未认真学过英语，80%的同学虽然能认真听讲，但是也没有什么收获和知识储备，整体上对英语处于一种所知甚少、兴趣淡薄的状态。针对这种情状，我首先选取一些对英语学习深感困难的学生，作为教学上的突破口，来激发学生的学习兴趣，培养他们对英语的爱好，抓一点，带一片。

小马同学和小李同学对英语丝毫不感兴趣，不背单词，不认真听讲，甚至有时连作业都完成不了。面对这种情况，一味地责骂他们或许起不了任何作用，我想只能用爱心感化他们，让他们受到我的影响，达到亲其师、信其言的地步，才可能培养起他们学习英语的兴趣，进而形成良好的学习习惯。首先，我找他们谈心，了解他们的爱好和特长，与家长沟通，调查他们的生活状况和习惯，针对他们的特点，我在课堂上有意识地给予他们展示自我的机会，让他们发表自己独特的见解，课下单独进行辅导，讲述英语这门课程的重要性，适时地对他们的进步给予肯定和表扬。他们渐渐把我视作知心朋友，主动把自己的一些心事告诉我，我也非常重视他们，认真地倾听，并尽自己最大的努力，为他们解决其他学科的一些疑难问题。慢慢地，他们觉得，不学好英语有点对不起我了，便暗下功夫，从背单词开始。到期中考试时，他们竟然都取得了进步。其他同学看到这两个同学的进步，深感诧异，我抓住时机，给大家进行思想教育，让同学们明确了学习态度对学习的重要作用，让同学们意识到其实每个人都能学好英语。班上学习英语的风气日益浓厚，变被动学为主动学，学习成绩逐渐提高。

面对小谭同学自卑的问题，我先找时机，在班上表扬了小谭同学乐于助人的优点，并给他提出期末各科考试及格的学习目标，然后找到他的小组长小徐同学，跟他交流了小谭的状态，希望他可以和我一起帮帮小谭，给小谭学习的动力，帮小谭改正不良的学习习惯。于是，经过这个学期的小组自主管理，尤其是后半学期，大家都发现小谭变了，有同学悄悄地告诉我，这个功劳应该属于小谭的组长小徐。原来为了让小谭能好好学习，小徐同学多次打电话给他的家长，动员他的父母，请他们多鼓励、多支持小谭的学习；为了背会单词，小徐每天放学后拉着小谭在校门口逐一检查，过关了才放他回家；下课时间，小徐一定会把今天做错的数学题让小谭再做一遍，耐心地讲解，直到他完全学会、学懂为止。而小谭为了不影响小组的评优成绩，不断改变自己的态度，从最初的排斥到接受，从被动到主动。元旦前的一个中午，小谭递给我一张贺卡，他告诉我期末考太高的分数他还是不行的，不过他会努力的，这一行为深深感动了我。虽然现在我还不知道小谭的各科成绩，但是只要有端正的学习态度和明确的学习目标，我相信他一定会做得更好，取得进步。

家访是班主任密切与学生家长联系的一种最常用的方法，勤于家访，善于家访是班主任带好班级的诀窍之一。通过家访了解学生的生活学习环境，可以跟家长交流情况、交换意见，统一认识，这样既帮助教师改进教育教学工作，又帮助家长改进家庭教育的方式和方法，从而形成教育合力。但是现在的家访实施起来却并不简单，我才在班上说要安排学生的家访，就有偏执的家长认为是要请客吃饭。这让我的工作进退两难，不去家访，话我已经说出去了，这不是对学生撒谎吗？去家访，家长的做法又让我望而生畏。怎么办？就在这个时候，一个学生帮我解决了这个难题。小李是我们班的一个小男孩，个子小小的，皮肤白白的，用我们班体育老师的话说："这是多么可爱的一个孩子啊！"体育课学了一个月的广播体操，可是每次做操时都还是会慢别人一拍，从表情上看却又极其认真努力，表达出想做好操的意愿，看起来是很可爱。可是他在我看来却并不可爱，别看他个子小小的，脾气却是大大的，对女生张口就骂，对男生动手就打，只要谁跟他开个玩笑，便会惹怒他，多次与同学之间发生摩擦，大多数同学都不爱跟他玩。于是，他的小组长小王同学跟我说："吴老师，我代替你去小李家吧，我去家访"。起初我抱着试一试的态度，跟两个孩子的家长联系好，就让小王去做家访了。从小王去家访过后，小李有了变化，对同学和善了很多，学习也明显主动了很多。看来学生的家访取得了明显的效果，既解决了我的难题，也转变了同学的态度，更加增添了小组的凝聚力，树立了自主管理的理念。所以，我们还是应该放手去干，大胆地尝试，不要小看了学生的能力。

记得有位名人说过：爱是转化学困生的催化剂。通过对这些学生的感化，我对进一步搞好英语教学工作坚定了信心。我相信，只要有爱心的滋润，师生之间关系会更加融洽，学生的学习兴趣会越来越浓厚。

"鲁达"不鲁

兰州市第七十一中学 李 莉

早上正忙着备课，突然"嘭"一声，门被推开，先进来的是一脸怒气的英语老师，后面是我们班的"鲁达"（因为曾经误会其他班男生欺负我们班女生，他鲁莽地到人家班级门口打了那位同学，同学们给他起了这个外号）。英语老师气呼呼地指着他对我说："让他写份说明，就说他以后不上英语课！叫他家长来学校签字，他自己也签。"英语老师怒不可遏的同时，"鲁达"丝毫没有羞愧之情，反倒侧昂着头，下巴上挑，愤愤不平的脸上明明白白地写着"我不服"。我一面观察他的反应，一面明确表态会处理好这件事，劝慰英语老师先去休息。送英语老师出门时，我向她了解了一下细节。英语老师说讲课时"鲁达"故意弹舌头发出响声，老师批评他，还当堂顶嘴，不服从管理。其实英语老师之前就多次"投诉"过他，作业做得不好，上课睡觉、说话，罚站还趴在窗台往外看，等等。

英语老师离开后，我借口手头有要紧的工作要处理，让"鲁达"先等等我。对了，他确实姓"鲁"。我一边平静地在电脑上备课做ppt，一边观察他的反应。果不其然，过了几分钟，他就从气鼓鼓的样子平静下来，昂起的下巴也慢慢低下来，一直站在我身后，的确让他有些尴尬。我没有回头，边敲电脑边若无其事地问他："你这是怎么了？""下课了，咱班下课铃坏了，听不见铃声，我就弹舌头，发出响声。我声音很小，我同桌都说没听见，可英语老师非说我故意捣乱，她老是针对我！"小鲁迫不及待地为自己辩解。"是吗？你为什么认为英语老师故意针对你？""某某某说话，她不管；某某那节课睡了一节课，还经常不交作业，她也不管，我就不行，做什么都不对！她还老上课批评我，让我站在教室后面或者外面。"小鲁同学愤愤不平地一口气控诉了英语老师一大堆"罪状"。

这会儿，我已经站起来和他面对面，认真地听完后。我给他讲了一段自己初中时的故事——有一节数学课上，临时任课的数学老师识破我想要趁起立弄倒前排同学板凳的企图时，罚我站了半节课。他让我坐下的时候，我碍于所谓好学生的面子不肯坐（我告诉小鲁，我当年是个学习成绩好又有些小调皮的孩子）。因为是大课，那位老师扬言下节课还要罚我站。我不想羞辱地站两节课。于是利用班主任的不知情和班主任对我的信任，撒谎说自己不是想搞恶作剧，而是被老师误会了，借口请假回家学习。班主任批准了。下午上学的时候在楼梯上又遇到了那位老师，我想了想，向他鞠躬并大声问好。结果那位老师向别人聊起这件事的时候说可能真是冤枉我了。

故事是真的，我讲自己的故事也让小鲁很意外。毕竟师道尊严，没有老师愿意在学生面前毁形象，更不要说讲自己的黑历史。他听得很认真，我又向他坦承："不肯坐下，撒谎请假只是自己要面子，做了不该做的事，自己也羞愧，在众多同学面前不愿意承认罢了，这是其一。其二是我并不因为老师的批评而傲慢无礼，还是向老师问好，让老师对我的态度发生了转变，他没有把我定性成顽劣的坏孩子，对我没有形成成见，所以，你呢？怎么看待自己今天在课堂的行为？"看他若有所思，我话锋一转，把评判的权力交给他。

小鲁有些不好意思，但承认自己的行为态度有些挑衅的意味。和老师当堂顶撞也是自尊心作祟。但也表示因为老师对自己有成见，屡次在课堂上为难自己。我清楚，小鲁平时就有很多小毛病，这次矛盾主要是他自己的问题。但小鲁生气的是老师教育的不公平。同样犯错，为什么他要当众承受很多的责罚，这使他的自尊心受到了伤害，不解决这个问题，他就无法从根本上改变态度，这类矛盾还会反复发生。

慎重起见，我又叫来英语课代表和他的同桌了解情况，这两个同学也认为存在小鲁说的情况。弄清事实的下一步就是解决问题了。我让他客观评价英语老师，他沉思了一会儿说，"英语老师教学很认真，要求严格，学生背课文都是亲自检查。就是太凶了，对我有偏见。"我提示他："英语老师一开始就对你有偏见？她有没有夸过你？"他略作思考后回答，以前因背课文快得到过英语老师的表扬，"对了，高二我踢球脚骨裂，中午不回家在教室时，英语老师还给我买过一次饭。"说完他自己有些不好意思了，"英语老师也对我好过，我就是觉得当众挨批评，面子下不来。再加上，她总说我不说别人，我心里不舒服。"

根据平时观察，小鲁多次的错误让英语老师失去了教育他的信心。至于他说的那两个犯错而不被批评的同学我也有了解，他们学习成绩虽不佳，但一直不放弃，平时总找老师问问题，而且待人有礼貌。相比之下，小鲁状况不断，生活细节总有几分江湖气、匪气，不招老师待见也是情理之中。看到他已经意识到自己有错在先，也知道自己的问题所在，剩下的就是让他自己解决矛盾和交流沟通了。"好，既然你心里有疑虑，那就自己找老师问问。更何况，你有错在先，老师生气批评都没错，但矛盾不解决对你的高中学习和心理成长是非常不利的。与其请家长来解决，或者我出面去求情，不如你自己去解决。诚恳地找英语老师谈一谈，认错的同时也把你内心的质疑与不快坦诚地告诉老师，尝试得到老师的理解并商量出一个解决办法。可以吗？"小鲁同意了。

下午，胖胖的小鲁拿着一罐八宝粥从办公室外面蹦进来，"老师，给你的。谢谢你教会我怎么解决矛盾。我错了，我的行为习惯和学习习惯不好，给您惹麻烦了！我不当鲁达了！我……会改的！"小伙子又腼腆地挠挠头转身跑了。晚自习前，英语老师主动找我说了他们谈话的经过。答应给他机会，也感慨越是这样的学生越得注意方式方法。一场本来要牵动四方的矛盾就这样解决了。

之后小鲁同学果然在很多细节上更加彬彬有礼。在一次年级排球友谊赛中和别的班同学发生矛盾时还主动向对方鞠躬致意，友好地解决了矛盾。我希望他能在成长的路上学会理性思考与分析，能更独立。

结束语：

作为班主任，我很清楚小鲁同学，他家所在的村子有很多孩子的父母在外经商打工，孩子或多或少有留守经历，这些孩子在缺失父母引导管教的环境里，生活中言谈举止不注重细节，如敞开校服扣子，走路摇摇摆摆，说话有些社会气，和社会上闲散人员有联系。但小鲁同学性格直爽，爱运动，对班级事务热心，时不时给同学们修理桌椅板凳，担任生活委员不怕脏和累。还很有正义感，爱替人主持公道，因此得了个"鲁达"的外号。虽然有时方式不对，但骨子里不坏，同学们还挺喜欢他。他自上高中学习习惯就不好，学习成绩自然不理想，但他聪明，记忆力好。在一些需要识记或他喜欢的老师的学科上，表现积极，背诵速度快。他和英语老师发生冲突最重要的原因是学习习惯和行为习惯不好，引发老师反感。但坏习惯不是一天两天养成的，好的行为习惯也需要时间养成，多一点包容，给他成长的空间，给他必要的引导，他会改变，会成长。就如他高三周记里写的，"我真真切切地感觉到自己发生了变化，现在的我再也不想回到从前的混乱、没有方向的生活里去。"

另外，作为高中生，身心都接近成熟阶段，他们不仅有繁重的学习任务，还面临着未来道路的选择，处在人生观和价值观养成的重要阶段，除了完成高考这一任务，作为高中班主任应引导培养学生分析问题、解决问题的能力。尤其是在生活学习中处理各种矛盾的能力。推己及人，老师也是从学生时代走过来的，将自己做学生的体会讲给学生，利用共情来教育学生，比居高临下地教诲更容易让学生学会思考。

从"三句半"到"白天鹅"

兰州市第七十一中学 苏亚丽

怀揣着教育的梦想,我们关注着班级里每位同学的发展与成长,那些态度端正,成绩优异的佼佼者,关注着可能会"拖班级后腿"、成绩较差、排名较靠后的学困生们。工作之余我们议论最多的是那些比较"突出"的学生,谈话记录里出现最多的也是他们的名字。对于这两类同学的名字,老师们都不会记错,也不会叫差。那么老师们对"三句半群体"了解得如何呢?

"三句半群体"是我给他们起的新名。顾名思义,他们话比较少,或者换句话来说是废话少,废话少的同学大部分比较稳妥,从不迟到,从不早退,作业按时完成,人际交往一般,算不上沉默寡言,也算不上能言善辩。因此,我又在词前加了个形容词,加起来就是"乖巧的三句半群体"。

学校里的他们遵规守纪,家里的他们孝顺乖巧,"乖巧的三句半群体"总是如此让人省心,不是问题学生,似乎也没有什么问题可谈,自然而然成了我们较为放心的一个群体。

与三句半群体成员一次偶然的交往引起了我的关注与反思。有一次,班里缺一名生物课代表,我一反常规,选择了成绩并不怎么优异的她。当时我只是觉得这孩子作业完成得比较认真,因此应该负责,先由她来担任吧。只是后来她的发展出乎了我的意料,没想到因为我这么一个小小决定,她有了很大的改变。自从当了课代表,她的作业比以前更认真了,也知道问问题了,最重要的是,她懂得坚持。期中考试后,我发现她成了班上进步最大的学生。

她的进步让我反思,为什么我以前没有这样做。为什么之前选成绩不好的学生当课代表,成绩不仅没上去,干起活来还丢三落四,不断遭到埋怨。我开始去关注像她这样的孩子，交谈之中发现，跟他们交流起来并不困难。其中两个孩子不喜欢跟父母要钱，父母每次给多少，他们总是少拿一点儿。用他们自己的话来说就是："管够就行。"平日里，他们自己的衣服都是自己洗。他们说："自己的事情自己干，这样最安心。""那你不羡慕别的同学的优越生活吗？车接车送，衣来伸手，饭来张口。"我问道。"偶尔羡慕吧，可是那是他们的生活，跟我无关。"

我突然意识到，如果早点这样做，如果早点多一些关注，如果……

"怎么这么迟了还没吃饭，我也正好没吃，走，我们一起吃个饭。It is my treat！"从此以后，有事没事，我总会去找找李霞们。

月考又来了，我们班乖巧的三句半群体又进步了。

"老师，谢谢你温柔了我的玻璃心。我其实没有那么懂事，我也没有那么坚强，我只是厌倦了爸妈的争吵。是你的温柔打破了我倔强的外壳。我破壳而出了。我是一只丑小鸭，我也不会变成白天鹅。但是我相信我是最美的丑小鸭。"桌子上的元旦贺卡附带了一张字迹工整优美的纸条。我回道："你已经是我心中正在成长的白天鹅了。"

我给他们改名字了，"三句半"不好听。我就唤他们为"成长中的白天鹅"吧。

后记：

有些人你说再多也改变不了，而有些人两三句话就可以融化他们的内心。有些人不吵不闹，不争不抢。不代表他们就应该这样被平平淡淡地对待。懂事不应该成为不受关注的理由，他们也应该被温柔以待。作为老师，我们抓两头，促中间，可是有时候中间群体往往被遗忘。在这个日渐浮躁的社会，愿他们都可以被温柔以待。

我在此补充一句："如果那份好刚好遇见了珍惜的人，那么也就成了我们老师的小幸运，让我们用两颗一尘不染的真心，守护起世间的真诚与美好吧！"

下篇
教育随笔

下篇

達的育峯

静静地坚守

中国科学院兰州分院中学　杨根平

恁岁月匆匆流走，我只将美好留在走过的风景里。回忆走上工作岗位的这十几年，像一首长篇叙事诗一般秉持我该有的模样，岁予他方，任风飘扬，无论外界如何风云变幻，我固执地只做一件事——静静地坚守。

一、坚守"有爱有育"

不做爱孩子的老母鸡，一辈子学做善于教育孩子的仁师。花有重开日，人无再少年。对一个教师尤其班主任而言，有多少爱还可以重来，有多少人还可以等待？三年一届，有些人，有些事，一转身便是一生，一毕业说再见便再难相见。如何尽量让我们的相遇少一些遗憾呢？这就靠教育的核心——爱。做教师的，尤其当班主任的，爱就要发自内心，爱就要名正言顺地说出来，爱就要光明正大地做出来，对于初中有限的三年，不论是言传还是身教，怎么爱都不过分，什么形式的爱都值得尊重，尤其是对待那些所谓的"差生"。犹记得前几年兰州某中学的一位校长这样说过：老师们，别瞧不起"差生"了，今天和我一样坐在这里的老师们当年大多数都是"差生"啊！此语一出，举座皆惊。虽然有一点偏激甚至失之偏颇，但这位校长讲话背后之深意的确值得我们每一个人深思。或许我们每个人很难做到口吐莲花，禅指一触便可点石成金、点铁成金，但若无高人一筹的修行和德艺，囿于小我，让孩子成人成才恐怕也只能是一句空话。所以，育才不如育人，而育人的前提是自己德才兼备，至少是一个崇德向善、见贤思齐的人。

慢慢思忖，教师这一生的时光，大多数人活在爱的中央，怎能不美好如花？

二、坚守"寓教于乐"

不论教育进行怎样的改革,没有快乐的教育注定是死水一潭。中学三载,师生一场,和学生们在一起,怎能没有快乐呢?与古今中外、纵横捭阖的各类名贤圣哲巨匠交往,岂能孤寂痛苦?站在巨人的肩膀上眺望未来,修身、齐家、治国、平天下,这些不就是天下第一等乐事吗?

鲁迅说:"愿中国青年都摆脱冷气,只是向上走,不必听自暴自弃者流的话。能做事的做事,能发声的发声。有一分热,发一分光。就令萤火虫一般,也可以在黑暗里发一点光,不必等候炬火。"我们做教师的是不是也应该摆脱冷气呢?所以,我希望老师们不要成天板着面孔,不要那么严肃,不要过多抱怨,不要被太多无关教学的事情迷失了方向。为人不易,教育实苦,做班主任更苦,但请你坚定自己!既然选择了教书育人,那就只顾风雨兼程,做乐事、发善声,乐亦乐,苦亦乐,乐亦无穷也!

三、坚守"想大做小"

十年树木,百年树人。教书育人是大事业,我们做的是小事情,做教师和班主任面对的是小孩子,撬动的却是这个世界,这就要求我们一定要有着眼于未来的大胸怀、大视野、大气魄。黑格尔说:"一个民族有一群仰望星空的人,他们才有希望。"教师就应该是这样一群仰望星空的人,就是帮孩子们打开一扇窗,让孩子们豁然开朗的人。然而,千里之行始于足下,九层之台起于垒土。若眼下心猿意马、敷衍塞责,又怎能期盼他年蟾宫折桂、繁花似锦?若不苦练当下的滴水之功,他日哪来的穿石之力?若无为中华之崛起而读书的砥砺负重,怎敢奢谈民族的伟大复兴?想大问题,做小事情,这应当是教师和班主任的初心,任何时候都不能忘记,更不能背弃。

四、坚守"生命至上"

教育是一棵树与另一棵树之间的关系,是一朵云与另一朵云之间的关系,是一颗心与另一颗心之间的关系。作为教师理应成为一个"温柔"的人,让自己的教育有温度。从教至今,我从不苛求学生一定要品学兼优,只是时刻将心比心，希图孩子们健康成人。

这些年，不论我遇见了谁，他们都是这世间怒放的生命，在本该绽放的年华里，在生命的长河中，让他们尽情怒放自己的生命，璀璨美丽的年华，张扬不羁的灵魂，书写多彩的青春，孩子们的每一点进步，都会令我欢欣鼓舞。

五、坚守"重在引导"

钱理群教授说过，学习是"牵着中小学学生的手，把他们引导到这些大师、巨人的身边，互作介绍以后就悄悄地离开，让他们——这些代表着辉煌过去的老人和将要创造未来的孩子一起心贴心地谈话，我只躲在一旁静静地欣赏，时时发出会心的微笑"。是啊，从小到大，我听到的关于学习最朴素、最深刻、最透辟的名言是：师父引进门，修行靠个人。遗憾的是，多少年来我和身边的不少教师将引导学习变成了"强加""施压"，堂而皇之甚至变相地拿好高中和孩子的未来威逼胁迫，哪里还能静静地欣赏、得到会心的微笑呢？

细细思品钱先生的这番言论，才发现我们是非常认真地在引导学习这条道路上渐行渐远啊！让"引路人"重新回归，活成让学生尊敬和自己崇拜的样子，这是我一生矢志不渝坚守的初心和本色。

六、坚守"顺其自然"

满树桃花盛开，未必每朵都能结果。有些人，有些事，即使我们做到了飞蛾扑火般义无反顾，可能还是无能为力、无济于事，那就顺其自然吧！毕竟凡夫是当不了救世主的，何况我还是广大平凡教师队伍中最平凡的那一个。既如此，请别问能收获什么，也当有嬉戏与纯真，也当花开满树，不然天地太过狭窄，生命也缺乏乐趣。面对每一届学生家长，我会一成不变的告诉他们：尽人力，顺天命！面对每一届学生，自进校门的那一天起，我会一如既往的告诫他们：做一个有思想的人，抓住在初中学习的每一个重要过程，相信任何努力都不会白费，无论你正在经历什么，都请你不要轻易放弃，因为从来没有一种坚持会被辜负。我们做教师的千差万别，不管生活看上去有多糟糕，总有我能做的事情，总应有所作为。如果你还要追问我到底是一个什么样的教师？我说，我是一个从不夸大教育力量的人，是一个从不盲目崇拜他人、注重过程、顺其自然的人，是一个和大家一样春天种树、秋天扫落叶的人。

冰心说："爱在左，情在右，在生命的两旁，随时撒种，随时开花，将这一径长途点缀得花香弥漫，使得穿花拂叶的行人，踏着荆棘，不觉痛苦，有泪可挥，不觉悲凉。"老师们，这三年孩子们携梦而来，就让他们拥花而去。成长之路迢遥漫长，我愿做一条逆流而上的鱼，让我所经过的每一条河流清澈温柔。我愿静默地坚守，细心陪伴每一朵浪花，把我们的校园呵护成一片绿洲，让教室里开满似锦繁花。

你我之间的距离，是多远才最好？

中国科学院兰州分院中学　马　杰

刺猬们觉得很冷，就想办法取暖，最好的办法就是抱团在一起，利用彼此的温度，形成一个温暖的环境。于是它们越靠越近，但太近的距离使彼此刺痛，所以很快就又分开了。当寒冷再一次来袭，他们又慢慢相互靠近，就是在这样一次次伤害和靠近中，终于找到了合适的距离。既可以保证相互取暖，又不会彼此刺痛。

——题记

教师和学生之间的距离，就如同抱团取暖的刺猬一般。师生距离过于遥远，无法感受到彼此的温度，缺少了师生之间本该拥有的情谊；过于密切的师生关系，又会使学生在内心缺少一份对老师的尊重与敬仰，进而产生矛盾甚至引发冲突。上周的道德与法治课上发生了这样一件事情：当我正在教授新的学习内容，顺势走到过道里要继续接下来的话题时，平日里就活泼过度的小佳（化名）同学，在我的背后伸出他的手，偷偷比画着"兔耳朵"，我感受到背后的身影，转头看了他一眼，他便立刻收起了双手，堆着满脸的笑容，讪讪地坐好。我以为这个眼神就足以让他在接下来的课堂中安分守己，认真听课，所以我继续着课本话题，但没几分钟的时间，他又一次在我的背后伸出了他"犯罪"的双手，惹得同学们哄堂大笑。我非常生气立即中断了教学，开始责问。我责令他站在座位旁，但是他随意的站姿、无所谓的态度、不耐烦的表情，让我更加愤怒。到底是什么原因，居然让一个学生在老师正在上课的时候，做出这样无礼的行为？更意外的是，甚至没有一个学生站出来阻止这种破坏课堂秩序的行为。他们都观望着这场课堂上正在发生的好戏，时不时地掺杂几声格外刺耳的嬉笑。于是，从这节道德与法治课中，我对师生之间的距离有了新一轮的反思和认识。

师生交往是一种特殊的交往活动，教师不仅要向学生传授知识，还要在与学生交往过程之中发掘学生潜力，并且关注学生身心成长，是一种师生间知、情、意、行相互作用的活动。教师在师生交往过程之中处于主导地位，引领学生的交往行为。所以，把握适度原则，控制好师生之间的交往距离，需要每一位新入职教师不断调整和适应，才能更好把握这种距离。基于此，本人作为新教师，有如下建议。

一、拉开师生间的身体距离

师生之间的身体距离主要是指在日常教育教学交往活动之中，教师与学生的身体接触距离。教师要把握适度原则，拉开师生之间的身体距离，拒绝与学生在课堂以外过度接触或者有过分亲切的行为动作。过近的身体距离，会让学生在潜移默化中产生情感误会，不把教师当作尊长，误认为是自己的"好朋友"，亲密感增加、尊重感减少，进而做出错误的"好朋友"行为。新入职教师往往想利用自身的年龄优势，以与学生"交朋友"的方式，拉近师生距离，获得学生的认可。这种想法是不可取的，就如同想要抱团取暖的刺猬，刚开始会获得一定的温暖，但是随着距离的拉近，刺痛感会越来越强烈。师生之间的矛盾就会因为这种逐渐亲密的距离被激发，刚开始是彼此不舒服带来刺痛感；而后更密切的关系会使彼此受伤流血，产生矛盾冲突甚至无法预估的严重后果。因此，新入职教师一定要学会拉开师生之间的身体距离，保持教师的神秘感，让学生对教师持有敬仰、尊重的情感态度。

二、缩小师生间的心理距离

师生交往互动过程中，心理距离越近，教育教学互动效果就会越良好。教师要善于运用管理策略，搭建师生之间的心理沟通桥梁，尽量走近学生、走进学生内心，缩小师生之间的心理距离，彼此之间可以坦诚和开放地探讨困惑和疑虑。不断缩小的师生心理距离，会让教师成为一个传道授业解惑的"智者",使学生成为勤学好问的"乐学者"。这种良好的师生距离源于对彼此的尊重,升华于深刻的心理交往之中,会逐渐发展成为一种深刻的、相互体贴的、成熟的关系。

师生交往是一个动态的过程,教师一定要学会保持自己的神秘感,并善于运用多元化的交流沟通技巧,使学生在尊重的前提下喜爱自己的老师。师生之间的距离是动态变化的,最好的距离莫过于适度。

我的"三件法宝"

兰州市第二十二中学 程 露

作为一名初中班主任，每天要面对纷繁的事务、众多的任务，这不仅需要班主任教师具有强烈的事业心、责任感，更需要班主任教师具备一定的组织管理能力。2007年8月新生入学分班，这是我的第二届弟子了，第一届的学生取得了令家长、学校都非常满意的成绩，我暗下决心，一届要比一届强，这次也要争取打造一个先进的班集体。为此我走访了这些学生的小学班主任老师，从他们那里我大致了解了班级中每一个同学的性格，他们的优点和他们以前所犯的错误以及学生与学生之间的交往情况。为了避免有所偏差和先入为主对我以后工作的影响，我又找到了他们以前的科任老师了解他们心目中对这些学生的看法，根据多方了解，我将各种情况进行了综合分析，在我的心中重新给我将来的学生进行了定位，设计了我对整个班集体的管理思路。

然而，情况比我想象的糟糕，这个班的学生学习自觉性比较差，有近三分之一的学生是学困生。父母为了生活，打工赚钱，几乎没有时间和精力关心孩子的学习。如何转变这些学困生呢？我做了以下工作，我把它们看成是班主任的"三件法宝"。

一、真心去和学生交流

根据以往的教学经验，我一直注重与学生沟通，时刻提醒自己，不了解情况的问题不谈，没有把握的事情不说，务必使所做的沟通工作，让学生口服心服。自从当了班主任，我更加注重与学生沟通，捕捉教育时机，以理导其行。

对问题学生的缺点、错误，绝不姑息迁就，无原则地让步，或是简单地说教惩罚，要坚持批评与说理相结合。要通过说理，对事件进行合理、客观的分析，让他认识所犯的错误及可能会产生的严重后果。在说服教育中也要讲究技巧。抓住时机，引导其换位思考，并进一步对其进行说理，让他从中去亲身体会应如何与同学和睦相处。而当他对自己的错误有所认识时，教师及时肯定他的这一做法，并转述其他学生的话去鼓励他，让他感受到教师与同学对他是真诚、善意的。一旦教师与问题学生之间有情感的沟通，教师就会取得学生的信任，学生就会愉快地接受教育。而教师的宽容和爱是教师与学生之间情感沟通的桥梁。

初一的学生毕竟还是小孩子，他们渴望得到教师的真心相处和交流。平时我经常去班级里转转看看，去看看他们在课间的生活和娱乐。在我整个工作过程中，我始终坚信"数子十过，不如赞子一功"这句话，并努力地实践。同时还注意捕捉学生的闪光点。

班上有位男同学小陈，缺点很多，如懒惰成性，随意打骂同学，学习成绩差，给人破罐破摔的感觉。有一次，我发现他特别爱好体育活动，于是推荐他当体育课代表，他工作认真、负责，赢得了同学们的信任，也很快使本班的体育活动走上正轨。从此，他找到了自信，不再调皮捣蛋了，学习上也有了很大的进步。其实，每个孩子都有他闪光的地方，就看你发现没有。班主任应该拿起表扬的话筒，毫不吝啬地表扬学困生，哪怕是极小的进步，也要随时发现随时表扬；给学困生更多的爱；允许学困生的错误反复，给他们反思的机会和时间；要平等对待他们。注意教育过程中的每一个细节，每一句话，每一个教育契机，每一点希望的火花。

二、营造温馨和谐的"家庭"

我从来都把我带的班级，看作是一个大家庭。无论教师，还是学生，都是这个家庭中的一员。创设优化的管理环境，把学生从受教育者转化成一个自我教育者，突出了学生的中心地位，让学生做班级的主人。

首先，我实行了值日班长轮流制度，然后告诉学生一个月后进行班委会和团支部成员竞聘演讲，让大家选举。这样让学生有了新鲜感，为了赢得一个月后的选举，大家尽量表现得好些。我们在班级大会上制定了七年级四班班规班纪，这个班规班纪成了同学们行为规范的一面镜子，大家开始自觉遵守。每周一次的行为明星选举，更加把大家的上进情绪推到一个新的高潮。

几周过后，我感觉班级同学不是很团结，集体荣誉感差，便利用一个班团会的时间，开展了以"七年级四班：团结、努力！"为题的主题班会，我说"老师用心、用情想让班级变好，想让你们多学知识。大家都熟悉的一句歌词：'一根筷子轻轻被折断，十双筷子牢牢抱成团'，要使七年级四班团结、努力！使我们的班级强大，我们就要做十双筷子，牢牢的和老师抱成团，努力写好属于我们自己的那一笔，每一个同学都有份"。此时，我拿出早准备好的红纸、毛笔，让每一名同学依次上来，一人一笔，共同写出我们的标语、我们的目标。我通过学生在书写自己那一笔的过程中，发现这一节简短的班会课十分成功，每一位同学都很认真地书写着，生怕自己的那一笔在标语上显得不协调。有同学可能从小到大都没用过毛笔，简单的一笔把他的汗水都写出来了。在这个目标的激励下，我班在学校举行的运动会上努力拼搏，全班同学各尽其责，不仅取得了年级总分第二名的好名次，还拿回了通讯稿第一名的大奖状。金色的奖状和同学们共同写的标语贴在教室里时时提醒着我们要团结、努力。

运动会一结束，第一学月的月考成绩排名也就出来了，年级前十名我班学生一个没有，总成绩榜也不容乐观。我连续一周，在早自习之前来到教室，带着学习委员和各科代表检查学生各科作业的完成情况，并对学习有困难的学生实行一帮一的辅导。并指导大家学习，制定切实可行的计划时间表。"功夫不负有心人"，全班同学经过一个月的艰苦努力，第二学月，我班学生小文、小栋、小蕊如愿以偿地冲进了年级前十名，我班整体成绩名列全校第三名。我和同学们都很高兴，买来小吃庆祝。我借此机会，通过运动会和这一学月的收获，告诉同学们，我们并不差，我们很优秀，只要我们努力，我们就会取得更多的成功。我每月为班集体制定不同的目标，想尽各种新颖的方法，改变传统的说教，引导着我们的班集体进步。到期末考试时，我班的总分排在了学校第二名。我一系列用心、用情组织的教育活动，终于见到了成效。

学生对班主任有着一种特殊的信任和依赖情感。班主任的一言一行，一举一动，无形之中会成为全班学生的榜样。因此，在班级工作中我时刻注意自身形象，事事从我做起，以良好的形象率先垂范，潜移默化地影响着我们班级的学生。

三、采用鼓励机制，增强学生的自信心

有个教育家曾经说过："爱是教育的前提，没有爱就没有教育。"作为教师，只有热爱学生，特别是尊重、爱护、信任学生，使学生真正感到来自教师的温暖和呵护，教育才富有实效。赏识教育在班主任工作中显得尤其重要。

我要求不同层次的学生制定出不同的、具体合理的目标，使学生有目的、有意识地学习，激发学生内在的动力。自己同自己比，只要在原有基础上提高，就是进步。并由家长监督，帮助孩子共同完成学习目标，使学生"跳一跳，够得着"。对达标的学生，及时表扬和鼓励，使他们产生自信心，从而增强其上进心。把更多的爱心、关心、赞赏、宽容、接纳洒向每一个学生。在教育飞速发展的今天，我深知自己的责任是塑造学生的个性。是把学生培养成活生生的人——有自己的独到见解、有自己的独特个性、有骨气、健全的人。因此我将更加努力学习借鉴名师育人经验，结合自己的实际，思考、探索适合自己的教育管理路子，在实践的过程中不断地反思，不断地总结，使更多的学生能快乐成长。

这三件"法宝"，对于做好班主任工作、提高学生的整体素质、培养学生良好的道德品质、提高教育教学质量有着极其重要的意义。

做麦田的守望者

兰州市第二十二中学　胡晓华

国庆前几天，学校举行运动会。运动会场上，一个教师找到我，说办公室有个学生找我。

我回办公室，看见一张帅气的、灿烂的笑脸，确实有点吃惊，脱口而出："小松，是你啊！"他满脸腼腆的笑容，说："胡老师，你还好吧，我来看看您。"我也笑了，说："长得这么高了，也长得更帅了。"

谈话中得知，他现在在新区上技校，学的是汽车修理，还有一年就毕业了。他感叹道："胡老师，我真后悔那时候没好好学习，没听您的话，现在说什么也迟了。"我安慰他："没关系，生活也并不是只有上大学这一条路，现在好好学技术，以后有了一技之长，一样可以好好生活。"

我们聊了许久，他告诉我，他现在的想法是，一定要好好学技术，以后找个好的出路。他的转变无疑是巨大的，我感到很欣慰。送走他后，我碰见了他以前的班主任，班主任感叹道："这孩子真的很感激你啊，每次来都问我你的情况，问我你在哪儿，要去看看你。"我也很有感触，过往的种种浮上心头，他感激我，我又何尝不在他身上感悟到了许多许多。

他是我上届学生，毕业已有二年。我是他的语文老师，引起我对他的关注的，并不是他自己，而是他的父亲。

初一的第一次家长会结束后，在我的办公室，我接待了专门来找我的小松的父亲。他高高的个子，一脸的沧桑，衣服不但很陈旧，而且满是灰尘，似乎刚刚从工作的地方赶过来，根本来不及换一身干净的衣服。他的父亲坐在我面前，很拘谨，搓着手，满脸谦卑的笑，操着一口的让人听起来颇费力气的方言，一个劲地说："胡老师，我儿子说最喜欢的就是你了，你的话他还肯听一听，你帮我劝劝他吧，他总是不好好学习，还脾气特别大，在家里一点也不听话，我都快愁死了。"

看着他的父亲，我感觉很心酸，这是一个无论在生活上，还是在儿女面前都十分不易的父亲。小松的情况我心里非常清楚，他高高的个子，浓眉大眼，英挺的鼻梁，我第一次看到他，心里就不禁感叹，这个孩子的相貌，一点也不输那些电影明星啊。可与之相反的，是他的学习情况，可以说是一塌糊涂，并非由于他不够聪明，而是根本不学习，常常吊儿郎当，自习课上大吵大闹，作业没有完成受到批评时一脸的无所谓，甚至你多说他一些，他脸上就会显出不耐烦的神情来，让你再难说下去。他的班主任王老师劝过他，骂过他，甚至气极时打过他，但他也只是在班主任面前有所收敛，然后继续老样子。这确实是个令人头痛的孩子。我和王老师不止一次地聊过他，都摇头叹息。可这次他父亲的来访让我很心酸，我决定尽力帮助一下这个父亲。

之后，我好几次找机会把他叫来谈心。面对高我一头，身强力壮，又如此叛逆的孩子，我知道严厉批评对他不起作用，只能好言相劝，多次提到他父亲的不容易，劝他懂事点，好好学习，在家不要跟父亲发脾气，要理解父亲的苦心。

可能是我的态度和语气都很诚恳，他没有显出不耐烦的样子，一边点头一边答应，但依旧不好好学习，作业常常不交，考试成绩依旧很差，如此几次，我也有点泄气了。

有一次放学，我走出校门，看到他的父亲站在校门口，依旧灰扑扑的样子，正倚着一辆破旧而笨重的摩托车向校内张望。我以为他在等儿子小松放学，打了个招呼转身欲走，可他却说专门在等我，于是我们聊了一会。小松依旧是老样子，不学习，不写作业，甚至早恋，打架生事，这位父亲一筹莫展，不停地对我说："胡老师，我实在没办法啊，我吃了没文化的亏，现在就靠这辆摩托车给人送货，打点零工，日子过得实在不怎么样，就一心希望儿子好好学习，以后别过得像我这样难。生活上我尽量满足他，学习上也无条件支持，就一心盼着他好好学习，他一点都不听话，不让我管他，不让我给他作业签字，胡老师，您再帮我劝劝他吧，他年龄这么小，我怕他不好好学习，还结交一些社会上的不良青年，学坏了可咋办。"谈话中他告诉我，他主要为各个宾馆送货赚钱，主要是宾馆要用的一次性的牙刷、梳子之类的东西，利润很低，老婆也是四处打点零工，他们所有的希望都在这个儿子身上。看着那辆破旧的摩托车，听着那些话，我再次感到心酸，这是一位多么不容易的父亲啊，他用双肩扛着生活的重担，唯一的希望就寄托在儿子的身上，儿子却是如此的不争气，不懂事。想到这里，我不禁从内心生出怒气来。实际上，反复的劝说已让我失去耐心，我心里想："算了吧，压根就不是学习的料，压根就是不懂事的孩子，"可看到这位父亲殷殷期盼的眼神，我很无奈地答应再帮着多劝劝。

于是，为了这位父亲，我决定继续努力，就算这个孩子最终不成器，我尽力了，也就心安了。为了这份心安，我又找机会做这个孩子的工作。效果依旧不好，甚至之后的很长的一段时间，这个孩子的眼神越来越阴郁，令人望之生寒，许久的努力毫无效果，我除了叹气也不知道该怎么办了。

不只是我，王老师也受这位父亲的托付，想尽办法做这个孩子的工作，也毫无进展，我们两个不止一次地面对面摇头叹息，骂这个孩子没良心、不懂事。可又能怎么办呢？

后来又断断续续接到这位父亲的电话，有一阵子儿子很晚回家，不放心的父亲就骑着摩托车守在校门口，不料儿子态度恶劣，嫌父亲破旧的摩托车给他丢人，不让来接，父亲无可奈何，只好把摩托车停得远远的，一路跟着儿子回家。

就这样一直到了初三毕业，不出所料，他的中考成绩离高中最低录取分数线差得很远。他的父亲又来找我，说儿子个子高又身强体壮，问我认不认识高中招特长生的老师，可以引荐一下去打篮球。我恰好有这样一个很熟的朋友，就给了电话让去试试，后来朋友给我打了电话，说小松篮球水平根本达不到要求，文化课成绩又那样低，实在招不了，他的父亲听了，也只好作罢。

就这样，我送走了我的又一批学生，面对一群新的面孔，小松就这样成为过去。令我意外的是，每逢过节或者什么能来的机会，他都会来看我和他的班主任，比起大多数成绩优秀、一去不返的学生来说，更显得有人情味，让人感动。就这样，我知道了他一开始在其他学校复读，但第二年中考，他以相差不多的分数还是与高中失之交臂，然后去新区上了一个技校。但每次到来，我都发现这个孩子在变,变得越来越开朗,越来越阳光,往日的阴郁气息早已不在,言谈中也充满对往日的后悔和对家长、老师的感激。我暗暗感叹,要是早点这样,该多好。

这就是我曾经的学生,一个典型的学困生,在我多次的努力下,也没能考上高中的学困生。而我,也已把他抛在脑后,安心地带下一届学生。

可今天,这个高大阳光的孩子再次站在我的面前,我不禁问他,为什么当初他会是那个样子,他沉默许久,才说:"我那时候很自卑,恨自己生在那样一个家庭里,根本不愿意听父母说话,所以才会很叛逆。"

我内心不由得狠狠一震,遂又释然。愕然的是,这个答案是我根本没有想到的,我只恨他的不争气、不孝顺,只看到父亲的可怜,却没有想到这样一个可怜的父亲带给心智完全不成熟的孩子多大的思想负担;释然的是,曾经的他,毕竟只是个十来岁的孩子,我们又怎能以一个成人的想法来衡量、要求他呢?他终于长大了、懂事了,他那位可敬的父亲,对他的儿子一如既往地爱,从来不放弃,终等到儿子的成长。

小松走了,我静静地坐在办公室想了许久,想起美国作家塞林格写的《麦田里的守望者》,想起书中的那个主人公,十六岁的霍尔顿,突然意识到自己作为教育工作者,却不能理解孩子的心,曾经是那样急功近利、目光狭隘,以为教育就是一次次谈话后学生迅速地转变,成功与否就是中考那张试卷的成绩,却忘了这个孩子未来的路还很长,他成功的方式也有很多种,我们更应该做的,就是不放弃,耐心地等待,做一个麦田的守望者,坚信在未来的某个时候,你曾经在他心灵中播撒的种子,会发芽成长的,这个孩子不就是个很好的例子吗?他对老师一次次的看望,固然在表达他的感激,不也在启示着我们吗?

我应该感谢这个孩子。

用爱浇灌童真的心灵
——我对"爱生学校"的浅显认识

兰州市第八十一中学　吴　倩

"爱是亘古长明的灯塔，它定睛望着风暴却兀不为动，爱就是充实了的生命，正如盛满了酒的酒杯。"当我凝神沉思"爱生学校教育"这个主题的时候，心头不经意间低吟出印度诗人泰戈尔的这句浓情诗句。的确，爱是不灭的灯塔，它照亮前方的征程，爱是生命的营养，它浇灌着心灵。早在中学的时候我就梦想将来做一名人民教师，如今我的夙愿已实现多年，几年的教书生涯使我深深领略了陶行知先生"捧着一颗心来，不带半根草去"的伟大人格，他一生倡导的"爱满天下"的博大胸怀令我尊崇之至。每当面对一张张纯真稚嫩的脸庞和一双双渴求新知的眼神时，我的内心深处总会感到一些忐忑，没有一个孩子不渴望自己成为老师眼里最优秀的学生，没有一位家长不对自己的孩子寄托了殷切的期望。一株株姹紫嫣红的花朵之所以引人注目那是因为它倾注了园丁们辛勤的劳作和精心的呵护，而我的学生们不就是这一朵朵需要用心爱护的花朵吗？

著名教育家苏霍姆林斯基曾经说过："没有爱就没有教育。"爱需要教育，教育更需要爱。这种爱应该是什么呢？是关怀、鼓励、给予和传递。师者，传道授业解惑也。教书育人是一名教师的天职，传授一个人知识就是倾注无私的爱，传输给他精神生命的气息。当教师通过学校和社会这个载体给学生这一生命体不断注入新鲜的知识营养，鼓励他们茁壮成长，教师的内心一定充满了幸福和自豪感。我想这就是我对"爱生学校"这个主题一点浅显的认识。下面我结合这几年的教学经历略谈几点感触。

一、用心关爱和鼓励，做到一个都不遗忘

现在的学生在家都备受父母的宠爱，他们的自尊心比起以前的我们更加娇嫩和脆弱，但他们却比大人更重视自己的尊严，我们应该学会小心翼翼地保护他们的自尊心。对于学习一向优异的学生，他们并不缺少爱心鼓舞，教师要多留神观察他们在学习和思想上是否出现较大起伏波动，防止他们因骄傲自满而成绩滑坡。针对学习成绩靠后的学生绝不放弃，他们最需要教师的鼓励和认可，切忌在谈话方式和语气上使用责备的口吻，尽量回避在全班同学面前点名批评他们，以免引起这类学生青春期的叛逆心理。学习一向处于中游的学生，教师要不断敲打，及时指出他们急需改进和提高的不足之处，因为这类学生一旦鼓足了劲很有可能窜入优秀生的行列。并不是学习差的学生就没有优点，做教师的应当捕捉每一个学生身上的闪光点，多给予他们肯定和鼓励，使他们多一份自信和勇气，从而达到最佳的学习状态。学生一旦得到了教师的重视和同学的肯定，他就会感到自己的存在对集体、对同学是有价值的，就会主动向大家展示自身价值所在，从而乐于接受教育给他们带来的快乐和激情。记得一位教育家说："如果一个孩子生活在批评中，他就学会了谴责；如果一个孩子生活在鼓励中，他就学会了自信；如果一个孩子生活在认可中，他就学会了自爱。"可见，关爱与鼓励对一个学生的成长是多么重要。

二、贴近学生的心灵，倾听他们的心音

现在的学生视野开阔、接触的知识面广，思想成熟期明显提前，因而我们对学生的心灵教育就应该从细微之处入手。我们的学校倡导从一处处教育环境创设入手，从一节节平常而又创新的课堂入手，通过纯真质朴、充满人文情怀的教育实践让所有走进课堂的学生感觉到心灵互动的教育效应……作为一名班主任老师，工作中我更注重贴近学生的心灵，主动去倾听他们的心声。班会课上我会留点时间让班干部总结一周的情况，让学生发表看法、多提意见。每周我都会布置给学生一篇周记并详细查阅完成情况，通过他们书写的文字倾听学生的心声。课间休息时也常和学生谈谈心、聊聊天，力求做学生们的知心人。通过这些方式，我可以亲身感受到学生的心情状态，揣摩他们的心理动态，及

时发现班级存在的问题并进行有针对性的改进。学生也需要教师的尊重和信任，纯真的爱生之心是一个教师道德威信形成的根本保证，如果教师忽略了情感的交流和沟通，又何谈春风化雨、润泽心灵呢？只有用真情实感去打动和感染每一位学生，学生才会在情感上与教师产生共鸣，才会真正实现"亲其师，信其道"。

三、开展多种实践活动，拓宽学生的发展空间

作为班主任老师，要注重全面培养学生的兴趣，多开展一些实践活动，让学生在体验中收获，在参与中发展。置身于体验的过程中，在实践中实现自我超越，可以拟设一定的环境场所去引导学生寻求一个岗位、扮演一个角色、学会一种本领、尝试一份感受、领悟一个道理、培养一种品质，从而让学生在参与中得到真正的成长。在班级推行班干部轮流制和课堂兴趣小组互动交流，让每个学生都来做班级的主人翁。班干部轮流制和课堂兴趣小组组长选举面向全体学生，极大地鼓舞了所有学生参与班级管理的积极性，增强了他们对集体和对他人的爱心、责任心和凝聚力。有可能的话每学期组织一次科普制作和文艺活动，让学生在实践中动手创造和自我表现。把科技制作活动与学科特点相结合，文艺活动与校园文化相结合，挖掘生活中及学生身边的各种有关因素，使小制作、小发明、小创造和文艺汇演节目等活动有机地与课内、课外学习内容相整合。

当然开展"爱生学校"的教学形式灵活多样，需要我们每一个教师在实践中不断去探索和创新。记得《爱的教育》里有过这么一段话："教育之没有情感，没有爱，如同池塘没有水一样。没有水，就不成其池塘，没有爱就没有教育。"教育事业就是一种爱的事业，把人间的爱集结并传播。三尺讲台三寸舌，三千桃李十年功。当教师心中充满了爱，懂得以心换心，即使干涸的沙漠也会泛绿；当教师心中充满了爱，懂得以爱博爱，即使封冻的大地也能开化。让我们以无私的爱心来关怀每一位学生，让他们都能深深感受到醇厚师爱，让每个学生都充满学习的动力，让爱的阳光洒满校园的每一个角落！

榴梿的味道

兰州市第七十一中学 吴 琼

2001年6月18日，二十刚出头的我和四十多个同学被窑街煤电公司的一辆车载入其下属的教育处招待所，随即下分到各个学校。从此，少年时代就羡慕得要死的那个角色，如今由我来扮演了——我正式踏上了教育的道路，也开始了跟红古教育的不解之缘。而今算起来，在这个甘青两省交界，大通河、湟水河两河交汇的小镇，走过了十九年的教育生涯，由一个懵懂的热血青年，逐渐成长为沉着冷静、锐意创新却依然"半生不熟"的教师。

正式踏上讲台成为一名倍感荣耀的教师之后，我既带语文课，又从事班主任工作。这期间有很多很多的教育故事，我都是运用"智慧的头脑"加"艺术的手段"，让发生或即将发生的事故华丽转身，最后演绎成精彩的教育故事，既解决了问题，也教育了学生，更重要的是使自己成长。例如，最近上演的、众多教育故事中的《榴梿的味道……》。

这学期我继续担任高三四班班主任，星期三下午一、二节是两节连续的数学课。第一节刚下课，我正在办公室跟备课组教师商讨月考事宜，数学课代表急匆匆地跑来找我，说刚才的数学课上，第二排以后的学生几乎都没好好听课，窃窃私语，交头接耳。数学老师虽然没有在课堂上大发雷霆，也明显比较生气。据课代表了解，当时同学们窃窃私语、交头接耳说是教室里有一种怪怪的、臭臭的味道……

我知道我们的现状，由于高中数学本身的难度较高和学生基础非常薄弱的原因，有一大部分同学确实感到学习枯燥和乏味，平时多有打瞌睡、走神等不认真听课的现象发生，但像这样大量学生在课堂上公然不听课的现象还是第一次出现，尤其是异常紧要且师生关系比较敏感的高三这个时期……这些在我的大脑里不断闪过，在没有弄清事情的缘由和准确的答案之前，我决定先让自己冷静下来，把事情的来龙去脉搞清楚。

根据课代表的详细描述，我先确定了"涉事"同学的大概范围后，立即进入教室，当众向班干部和其他同学再次了解事故情况，把确定"涉事"的几个学生单独约出来一一谈话。首先给他们吃了"定心丸"，对他们一一言明这事不是大事，以便让他们放下戒备心理，并且打消他们因为惧怕担责任而产生的逃避念头。接着我让他们静下心来想一想数学课到底发生了什么，为什么在高考前这么关键的时刻，在这么重要的第四次试卷分析讲解的数学课上，怎么会出现这种情形呢？然后我和颜悦色地从"男子汉要有担当，更要有集体责任意识"入手，同时，一再强调我的男子汉理论——"平时不惹事，出事不怕事，有事会来事"。这时候，彭某首先发话了，说是他自己上数学课的时候因为听不懂，又经不住榴梿美味的诱惑，实在忍不住就剥开榴梿吃了。马某随后说彭某的榴梿是自己提供的，而榴梿是已经参加了工作的姐姐为了对高考前的马某表示鼓励而买的；袁某马上说他作为同桌和好朋友不但没有及时劝阻而且还怂恿彭某当众剥开吃。彭某是中考成绩不好，考入职业高中后又转来我班就读的，曾一度专修体育；马某是少数民族，学籍在其他学校，高一第二学期就被原学校劝其保留学籍而另觅求学之处，且高二文理分科的时候，我们所在的年级没有一个班主任接收他，最后他找到我，央求我，于是我收留了他；袁某在高二第一学期才从永登农村学校转入我校，进入我班。这三位同学都人高马大，脾气暴躁。但经过近两年的接触，他们逐渐明白了老师和班主任的一片苦心，也就理解了班主任的做人做事和教育理念与风格。这两年来，变化挺大的。颇感意外的是，在我对其讲清道理后，三位不可一世的"英雄"竟然抽泣不止，声泪俱下。他们主动向我认错，一致要求立即去给数学老师道歉。这次意外的事故，终于得到圆满的解决。

果不其然，数学老师和全班同学都接受了三位同学的道歉，事故华丽转身，一个翻篇竟然变成了故事。

这件事儿之后，我当即就在我的教育随笔中记下了如下的话语：

我们新时期的教育工作中，为了全面落实、践行"立德树人"的教育根本任务，要求我们普通的教育工作者，在平时的教育工作中，既要庆幸于苹果般的好学生和他们带来的香香甜甜的苹果荣耀，为他们而骄傲，更要善于处理好榴梿一般所谓的"问题学生"和他们带来的困惑——如榴梿一般怪怪的臭味道，正确引导，耐心说服，用心改变，使他们将来在家庭、社会上成为一个有用的人，我们应该为他们感到自豪。爱榴梿则赞其香，厌榴梿则怨其臭。我们既要爱榴梿，更要赞榴梿。我们要赞"榴梿"的香，就只有在细节上爱"榴梿"，这才是"榴梿"真正的味道。

教育家陶行知曾说，教育的每一个细节都是影响学生终身的大事。白岩松也说："人们想要信任一件事情，会因为细节而相信，不会因为宏观的东西。……细节才是让人相信的关键所在。"由于关注细节，相信细节，相信教育中"细节"的力量，有关"榴梿"味道的事故，最终让我通过智慧头脑和艺术手段，终成我教育过程中又一个美好的故事。

其实，对于教育，我们永远在路上。

做世界上最美的种子

兰州市第七十一中学 苏亚丽

一、案例简介

班上有这么一个学生，既讲文明，又懂礼貌，团结同学，尊敬老师，上课时也认真听讲，课余活泼好动，集体劳动时，哪里有活他第一个干，哪里有事他帮着解决，论学习成绩虽不是佼佼者，却也处于班级中流，天资聪颖的他稍加努力便能迎头赶上，一切看起来是那样和谐。他不会成为问题学生吧？当然有可能，为什么不呢？前十周的日子还算是稳当，第十一周听说高一年级有人与高三年级学生打架，看了一眼名单，我瞪大了眼睛，怀疑是不是同名同姓，再看一眼班级，没错，是小李。第十四周，有人因为一个女孩与另外一个男同学起了争执打起来，竟然又是小李。第十七周，走廊里站了几个打架的高一学生，还好没有小李，跑到教室一看，小李正在读我今天新教的英语课文呢。然而事实并不是这样，半小时后，我听到消息，我班小李在一场打架事件快要发生之前不敢求助班主任，背着班主任偷偷向安全办主任求助，所以打架事件被搁置了下来。除了打架之外，小李同学迟到的次数也越来越多，迟到人员里边隔三岔五能找到他……

二、案例分析

同一个人，为什么前后期的变化如此明显，又为什么会屡教不改，这中间出现了什么教育疏忽？

1. 自身因素

小李同学天性乐观，热情直爽，但是脾气急躁，心情变化剧烈，有时候情绪反应强烈而难以自制，属于典型的胆汁质人格。胆汁质又称不可遏止型或战斗型，胆汁性格的人情绪易激动，反应迅速，行动敏捷，暴躁而有力；在语言上、表情上、姿态上都有一种强烈而迅速的情感表现，不能够做情绪的主人，因而常常与周围的同学发生冲突。在与他家长的谈话中，我了解到自初中起，他就存在着这种状况，而他自己对于这种缺点不以为然，所以才会表现出两种明显的状态，一错再错。

2. 家庭因素

像大部分独生子女家庭一样，父母对孩子都是百般的宠爱，孩子们衣来伸手、饭来张口，衣择其佳、饭择其精，加之他的父亲在家庭中的管理方式较为放任，孩子的所有事情基本由母亲处理，此外，溺爱孙子的爷爷看待打架斗殴这种不良行为的态度则是"宁我打人，人勿打我"。久而久之，孩子变得满不在乎，知错犯错。

3. 教师因素

调查发现，小李同学自初中起就喜好打架斗殴，班主任由刚开始的批评指正转为自由放任，只要不出什么大事故，也就得过且过了。升入高中后，自己作为一名年轻教师，经验缺乏，对学生的观察不够细致，受应试教育影响，片面看重学生成绩，缺少与学生深度的沟通与交流，大部分的沟通工作仅仅停留在了讲层面，沟而不通，一味地讲道理，指责与抱怨，最后耗费时间和精力，做了无用功。

三、解决措施

1. 用同理心去打开沟通的大门，建立良好关系

《礼记·学记》里说："夫然，故安其学而亲其师，乐其友而信其道，是以虽离师辅而不反也。"当代中国有影响力的教育专家孙云晓在其著作《好的关系胜过许多教育：我的教育自述》中更是谈到了关系的重要性，是的，如果你对一个老师充满着尊敬与崇敬之情，那么当他表扬你的时候，你会欣喜不已，久久不能按捺激动的心情；而他批评你时你可能会满脸通红，格外愧疚。因此，好的关系胜过许多教育。关系是什么？其定义是"事物之间相互作用、相互影响的状态"，是人与人之间某种性质的联系。就如教育专家孙云晓所说："就亲子关系而言，彼此的关系建立在平等的基础上，是相互学习共同成长的关系，而绝非是一方'管教'另一方的。"那么，同理可得，师生关系也绝非是一方"管教"另一方，绝非是一味地摆事实、讲道理。

沟通是建立良好关系的前提与基础，所谓的"晓之以理，动之以情"指的是用同理心去沟通，是共情。我静下心来深入小李内心，体会他的情感、思维，把握他的体验和他的经历与人格之间的联系，理解问题的实质，慢慢地，我发现他愿意和我沟通了。

2. 抓住学生弱点，因材施教

尊重个性，因材施教。培养共性，共同传承真善美。恪尽职守需要和教育者的智慧与情感结合起来。

从小李表里不一的表现来看，虚伪是小李的一个缺点，他渴望受到老师的器重、同学的尊重，于是，我选他当了历史课代表，说实话，我从来没想到他会如此认真，工作干得有模有样，还帮助生病的同学整理笔记。正当我为此而欣喜时，我又发现他迟到的次数有增无减，在对他迟到的原因进行了解后，我一改往日的知心姐姐形象，对他提出严格要求，他有两个选择：第一，我每天打电话叫他起床；第二，如果每天还是睡不醒，那么他可以睡醒了再来，但是要在每周班会课上对整个班级情况做个总结。如果前两者都做不到，历史课代表换人。他连连答应，在那以后，他再没有迟到过。

3. 心心交流，朋友探讨，家校融合促成长

"来，来，小李家长，过来坐，别站着，您稍等一会儿，我给您倒杯茶，最近家里还好吧，忙不忙？"就这样我和家长聊了十几分钟才回到学生的话题上，我们的沟通更像是朋友间的探讨，相处得甚是融洽。

每一位家长听到"请家长"这三个字时，他的内心都是失落的，与老师一见面，面对老师的批评，更是感觉无地自容，一心想着逃跑，回到家又是一顿"电闪雷鸣"，问题没有解决，亲子关系反而更糟。

4. 增减效应

销售员称货给顾客时，切莫先抓一大堆放在称盘里再一点点地拿出，而要先抓一小堆放在称盘里再一点点地添入……

人们最喜欢那些对自己的喜欢显得不断增加的人，最不喜欢那些对自己的喜欢显得不断减少的人，心理学家们将人际交往中的这种现象称为"增减效应"。如果只是褒扬或先褒后贬均显得虚伪，而先贬后褒则显得客观与有诚心。我以前用习惯了先褒后贬，但是对小李没有什么起色，于是我尝试去探索新的方式，我们又进行了一次谈话，我说："你怎么总是敏感而多变？"旁边他以前的班主任也附和道："以前我就这么觉得"。我从他的眼神中感觉到了一丝羞愧，我继而说道："以前打架的事情、迟到的问题我们就此翻篇，在解决完这些问题后，我渐渐地对你有了好感，觉得你完全可以明智地处理自己的事情，你自己想想怎么解决。"谈话结束后，我三周没有找小李同学，但是我却在背后默默地关注着、关心着他，在他每次的作业后面用他喜欢的流行语作批语。

有一天，我发现作业本里面夹了一张纸条，上面画了一幅漫画，旁边备注着："老师，情到深处，无以言表，一句谢谢太苍白无力。"

四、反思和总结

卡尔·雅斯贝尔斯说过："教育意味着一棵树摇动另一棵树，一朵云推动另一朵云，一个灵魂唤醒另一个灵魂。"我们遇到的是刚刚破土而出的种子，我们必须用爱去精心呵护；我们遇到的是冒着豆点儿大小绿意的种子，它需要阳光，它需要雨露，它更需要真情，否则，阳光会把它晒焦，洪水会把它淹没；我们遇到的是可以自己成长的种子，前提是在你倾情的教育智慧的投入下，种子们学会了自强。我们遇到的是富有灵性的种子，是世界上最美的种子，我们需要和它处于同一片土壤中，因为世界上最远的距离是头脑到心的距离，我们知道，但是我们感受不到。我们的种子需要心理上有依赖，生活上有依靠。智者畏因，愚者畏果，只要我们行动，就会有所改变。

最后，别忘了做一个有幸福感的种子培育人！那样，你培育的种子才会幸福。

关爱学生，从"心"开始

兰州市第七十一中学　贺建楠

雅斯贝尔斯在《什么是教育》一书中说："教育是一棵树摇动另一棵树，一朵云推动另一朵云，一个灵魂唤醒另一个灵魂。"近两年的教育生涯，让我深刻地体会到，教育，必须从"心"施以学生关爱，让学生体会到教师的"关爱"是真正"用心"的爱。

一、关爱学生，先要上心

上班伊始，作为一名新入职的年轻教师，所面临的是一群活蹦乱跳的高中学生，在教学经验和班主任经验方面，我是一片空白，面对刚刚接手的学生教育工作，内心忐忑，更充满期待，憧憬着多少年来梦寐以求的教育生涯即将正式拉开帷幕，兴奋起来，走路都觉得带劲儿。总以为站在讲台上，我就可以跟学生和平共处，轻松地实现自己的理想抱负。

可是，开学第一周，我就发现所有的期待和美梦都不堪一击，在现实面前，它们瞬间变得支离破碎，难以成形：课堂跟市场一样热闹，嘻嘻哈哈者有之，吃吃喝喝者有之，左顾右盼者有之，玩手机我行我素者有之……我的声音提得再怎么高，都压不下讲台下面一片的吵闹声。在我做出百般努力仍不见收效的情况下，我都产生过好几次想放弃他们的念头。后来和一位老教师进行了一次意义非同寻常的"闲谈"，她救星般出现在这个紧要关头，并给我分享了一下她当年的经验和做法。我一下茅塞顿开，希望又重新燃起，热情也再次回归。接下来我做的第一步，就是先对这些学生"上心"，对他们基本的学习情况和家庭生活有一个详细的了解和掌握，然后对症下药，针对那些课堂上调皮捣蛋的"问题"学生进行各个击破。

二、关爱学生，要会走心

在处理这些课堂上调皮捣蛋的"问题"学生时，我发现了一个特别的王同学，他属于大祸不闯，小祸不断的一类学生，从来不打架，但是上课嘻嘻哈哈，不认真听讲，我在上面大讲，他在下面小讲。不管我在课堂上纠正，还是叫他到办公室谈话，都收效甚微。后来我发现，这个学生就是表现欲比较强，每当老师在表扬他以后，那节课他就不吵闹，特别认真地听讲。所以我利用这个特点，上课不再批评他，而是以表扬、鼓励为主，每当有其他同学吵闹时，我就会说：你们大家看看小王同学，他上课听得多认真，不吵不闹，笔记还记得特别认真，你们应该向他学习。慢慢地，上课调皮捣蛋的学生少了，尤其是小王同学，从我开始鼓励他以后，他在课堂上的表现越来越好，在期中考试的时候，历史成绩考到了全年级前十名，而且其他科目的成绩也都有大幅度的提高。

所以，从这个学生身上也印证了，每一个学生都需要教师"走心"的关爱。

三、关爱学生，将心比心

在处理学生吵闹这个问题时，我又发现了一个特别的学生，男生小孔，上课爱吵闹，不爱学习，而且经常和任课教师发生冲突。于是我把男生小孔叫到办公室，跟他心平气和、将心比心地沟通，从此，这位小孔同学一改以前的模样，就跟变了个人似的，课堂上睡觉、吵闹俨然已成他人生的过去式，专心听讲、认真学习成为他现在的进行时。期中考试成绩出来后，小孔同学的成绩明显大幅度提高，语文成绩名列班级第一。成绩出来的当天，他兴冲冲地跑来告诉我，跟我分享他的这种喜悦和成就感。将心比心，我趁热打铁，继续鼓励、鞭策他：要继续保持这种良好的学习劲头，持之以恒，更加进步。小孔同学频频点头，满眼都是被人信任和赏识的感激。果不其然，这以后，他经常来向我寻求帮助，探讨问题，分享喜悦。

四、案例反思

（1）教育是心与心的碰撞，要驾驭学生，掌握学生动态，了解学生内心世界，必须要分清学生的需求，满足他们被关注的愿望，给予关爱。

（2）关爱学生，必须发自内心，这就要求教师要"上心"，真正做到对学生全方位地了解、理解和掌握，这样，才能跟学生进行深入内心的交流。

（3）处理学生各种问题时，不能先入为主，用一副高高在上的姿态来说教，而是要将心比心、平等地和学生进行交流、沟通，最终，学生更容易体会、理解并接受教师对他的关心。

班主任的"诗意和远方"

兰州市第七十一中学 李 莉

现在社会上很多人对中小学教师的工作有误解，他们会觉得中小学教师的工作无非是琐碎平凡的小事，尤其是班主任，哪有什么诗意和远方。但我是带着教育理想走上讲台的，十几年重复的工作并没有磨灭我的热情与责任感。我经常忆起大学时代校园里那块标语牌上陶行知先生的名言："学高为师，身正为范"。如同白衣天使入职前宣誓的南丁格尔誓词，这让我始终对自己的工作充满着使命感。我，在一间小小的教室里找寻班主任的诗意与远方。

一、诗书育人，培养有情怀的学生

我是语文老师，也是文学爱好者，带班的时候一直借助学科优势进行诗书育人，试图培养有情怀的学生。我利用早自习前15分钟在班上开展"晨诵经典"活动，依据学生学业水平和座位就近原则，每4人一组，一组负责一周。组内分工协作、选诗、下载相关音频和视频资料、制作ppt、主讲诵读。周一到周四诵读诗歌，周五评分。

春天，我们读"春水碧于天，画船听雨眠"，夏天我们读"叶上初阳干宿雨，水面清圆，一一风荷举"，秋天我们一起低吟"有三秋桂子，十里荷花"，大雪纷飞的冬天我们一同吟诵"北风卷地白草折，胡天八月即飞雪"。慢慢地我们从教室读到学校，又从校内走向校外。我们读余光中、读海子、读舒婷、读海桑。诗歌滋养着我们的灵魂，也渐渐培养出有情怀的学生。

二、文化育人，打造有吸引力的教室

能够让学生喜欢老师，喜欢教室，喜欢学校，才谈得上教育。我带班的时候比较重视用丰富多彩的文化活动影响学生。我曾给学生排演过戏曲联唱，豫剧、黄梅戏、越剧和京剧。三个班上最调皮的男生被我选出来唱京剧《包龙图打坐在开封府》，他们开始不愿参加，觉得自己绝对不行，听了音频，那段"驸马爷近前看端详"西皮快板简直快得跟不住，我一句一句教，终于，三个一米八的包公穿着我们从社火队借来的新戏装，脸上用油彩画着自己从网上学画的脸谱，在舞台上把不可能变成可能，区电视台记者特地采访他们的时候，这几个男生由衷地感到自信。

我还带着学生演话剧《雷雨》，那个周萍开枪自杀倒地的动作，我和学生在水泥地上试了好多遍。舞台上，周萍开枪自杀，枪声响起的瞬间，《安魂曲》奏响，台下好多观众流出了眼泪。那个演周萍的、爱在课堂上接话茬的男生渐渐爱上静静地听课，脸上也不再有玩世不恭的表情。学习《长恨歌》时，我和学生一起表演京剧《梨花颂》；学习乐府诗歌《上邪》，我们就排演《上邪》乐舞。高三，学生们18岁了，我们从古代成年礼冠礼中感受成年人的责任和使命。活动中学生们了解了自己不曾接触的文化活动，增进了师生情感，学生觉得学校、教室是有吸引力的，自然老师的教导也听得进去了。

三、长线育人，成就幸福的人生

我曾经不止一次对学生说过这句话，"我之于你的意义在未来"，教育是个长线事业，教育教学中我很重视和学生交流人生意义，这种交流不限于面对面，还有纸上交流。形式不限于周记，还有作业、班级日志。开始学生写得比我的批语还少，后来学生越来越敞开心扉。有个长相英俊的学生一度被人说成是贾宝玉、花花公子，学了《杜十娘怒沉百宝箱》后，他在作业里写"我是不是和李甲一样薄情负心"，我因势利导地和他分析李甲，谈宝玉，聊什么是真正的爱情。现在他早已找到了真正的爱情和幸福。这种"纸上谈人生"也是我长期坚持的活动。教育最终的目的是立德树人，不只是一个口号，而是实实在在培养身心健康的人，成就他们幸福的人生。愿每一个班主任都能身在教室，心在远方。并保有一颗赤子之心，像狄金森的《篱笆那边》里面的主人公一样，不受藩篱限制，不怕脏了围裙，不怕上帝责骂，摘到自己教育的"幸福草莓"。

落在手掌心的戒尺

中国科学院兰州分院中学　杨根平

写下这个题目的时候，心情颇有些沉重。我的眼前仿佛又浮现了巍巍笔下的蔡芸芝老师。

她从来不打骂我们。仅仅有一次，她的教鞭好像要落下来，我用石板一迎，教鞭轻轻地敲在石板上，大伙笑了，她也笑了。

高高举起，轻轻放下！

孩子笑，老师也笑。

我的手边也放着一把缠满了塑料胶带的戒尺，看到它斑驳弯曲的身影，我却怎么也笑不起来。因为我常常是高高举起，重重落下，甚至是狠狠落下！

这把戒尺已经陪伴我走过了七八年的历程，与这把戒尺一起的还有一届又一届的学生，他们的故事至今历历在目。

在2007年送走我的第一届学生之后，在与某一位老教师的交谈中，得到了"要想成绩好，就得小棍敲"的所谓教育成功秘诀，当时让我如获至宝、兴奋不已。从此以后，这把戒尺便如影随形，贯穿在我和学生们的记忆里。

犹清晰地记得自己当初教第一届学生时的情形。三年恍若一梦，在幼稚与成熟间徘徊，在大学生与中学教师的身份置换中彷徨，没有目标，只有热情；没有指导，只有摸索；没有退却，只有前进；没有迷茫，只有压力；没有鼓励，只有失落；没有成绩，只有焦虑；没有照顾，只有自立；没有劝慰，只有寂寞；没有经验，只有学历……可谓是一个彻头彻尾的愣头青，一个猛子扎进了社会的激流险滩之中，其艰险程度可想而知——人在江湖，怎无风雨？刚刚跨出大学校门的时候，仅凭着那股初生牛犊不怕虎的闯劲，心潮澎湃、稀里糊涂踏入了学校这个被称作象牙塔的地方，匆匆忙忙开启了不同的人生征程。

那时候我也向往过"自信人生二百年，会当水击三千里"的英雄豪气，幻想过"数风流人物，还看今朝"的自负与狂傲，也渴盼过"男儿何不带吴钩，收取关山五十州"的潇洒与激昂，甚至膜拜过"风萧萧兮易水寒，壮士一去兮不复还"的侠肝义胆……然而现实却让我的心一下子冷却了下来，怎样上好每一节课，怎样与学生相处，怎样控制教学进度，怎样批改作文……太多太多的疑惑让我剪不断，理还乱，梅子黄时雨的愁绪时常笼罩在心头。

这三年有人告诉我，年轻人光仰望星空是不行的，做人做事还得脚踏实地，好好向他们学学，毕竟姜还是老的辣，否则是要吃亏的。

这三年学生告诉我："三年来感谢老师与我们风雨同舟、同甘共苦，三年来老师为我们担待和付出的太多太多，你的正直与认真我们会终身铭记，你是我们的大哥哥一样的老师，不过请老师也记住，学校其实并不是什么象牙塔！"

这三年学生的中考成绩告诉我：车到山前必有路，船到桥头自然直。

经历过这三年，我明白：

不是所有的人都感念被老师管教的日子。

不是所有的学生都适合现有的学校教育。

不是所有的家长对你的呕心沥血报之以德。

几乎所有的人都有机会做学生，但不是所有的人都能幸运地做老师。

……

世界上没有两片完全相同的树叶，学生也一样。想到这些，不得不承认这几年的风雨中戒尺帮了我很大的忙，但使用戒尺，绝非本人之所愿。每当戒尺落在学生们的手上，仿佛整个人如同触电一般，时常震悚起来，又仿佛有人狠狠地掴我一巴掌，切肤之痛深入骨髓，碰触心灵。

那一天我看到：

小莉红了手心，泪眼婆娑。

小晓抱着课本，嘤嘤成泣。

小健搓着双手，欲哭不能。

小伟攥紧拳头，满眼悲愤。

小昆看着笑着，笑着看着就哭了……

我的朋友们，我亲爱的学生们，拿起戒尺，我觉得挺对不住你们。

那为什么不放下冰冷的戒尺呢？这个问题却一直很难回答。

除了戒尺，还有什么可以更加照亮你的生活，坚定你的梦想？难道就任凭光阳这般任性放肆地过去么？

海燕如果失去了搏击风浪的勇气，怎么能成为大海上黑色的闪电？雄鹰如果缺少了悬崖断骨的坚韧，又怎么能成为翱翔天空的王者？人生如果失去了坎坷曲折的历程，不就失去意义了吗？岁月如歌，学海无涯，征途漫长，倘若今后你能忆起这一把戒尺，要记住，它原本不该冰冷残酷，应该是这般慈爱温柔。因为在这把戒尺下，有我的良心热肠，更有学生们的青春凯歌。

你们可以沉默不答，但我的誓言却早已在泪花里微笑着替我解明了……

学生们啊！

从今天起，放下戒尺，像蔡芸芝老师一样。或者高高举起，轻轻放下，学生们笑，我也笑。

走近"你",走进"你"
——致轩蕉班可爱的孩子们

中国科学院兰州分院中学　王招妮

计划已久,终于等到期中家长会的来临,"问卷2.0"在我的书桌上躺了好几天,它们可是肩负着重要使命啊。

让我先来介绍一下"问卷2.0"。日常生活中,调查问卷随处可见,它指的是通过制定详细周密的问卷,要求被调查者据此进行回答以收集资料的方法。具有很强的目的性和时效性,能够快速准确地了解所要调查的问题。但"问卷2.0"和普通的问卷不太一样。它由"1+N"份问卷构成。"1"指的是由我(班主任老师)和家长共同为孩子们量身定做的一份问卷——"我眼中的父母"调查问卷;"N"指的是由班级里的每个孩子亲手设计给父母的问卷——"父母眼中的我"调查问卷。

本次家长会上,我和班干部们一起组织进行了"问卷2.0"调查。"1"在家长会前由我统一发给孩子们完成,家长会上组织家长先完成相对应的"N"并上交,然后再领取属于自己的"1"进行作答。"N"由我保管并在恰当时机分发到孩子们的手中。

短短几百字讲清楚了活动的过程,但任凭我怎么努力,也无法用文字还原活动过程的每一个场景:孩子的羞赧尴尬、抽抽搭搭,家长的青红白紫、掩面而泣。一位家长在活动结束后发来了如下消息:

"父母是孩子的启蒙老师,家庭教育对于人的成长是至关重要的。孩子一天天地长大懂事,我们为人父母的既高兴又担忧,因为他正迈入一个特殊的时期——青春期。有一天,我们突然发现,孩子在我们面前不再像以前那样善谈了，我们对他的关心突然变得不耐烦，感觉孩子和我们疏远了，莫名有些伤感。

期中家长会班级开展了'我眼中的父母'调查问卷，作为家长的我，当拿到孩子写给自己的问卷，看到写给父母字里行间的心里话时，许久没有和孩子谈过心的我突然热泪盈眶。细细读来，发现孩子已经长大，对事待人有了自己的想法和见解，我们父母自认为的关心对他而言是无形的束缚，除了学习他期待我们与他有更多的交流，而我们却疏忽了。作为母亲的我常年在外地工作，半个月才能见孩子一面，和他说的最多的也都是学习，却疏忽了他内心的成长与交流，殊不知青春期的心理健康教育比文化知识教育更重要。"

此次的调查问卷，让我和孩子有了一次心与心的交流，让我走进了孩子的内心。人的一生会经历很多事，经历了、感受了、结束了，每个人的人生都是不断成长的一生，成长比成功更重要。感谢班级组织的此次活动，让我们家长和孩子都受益匪浅。

接着，家长们发来第二条消息、第三条消息……，还有随后几天孩子们写在随笔中的感悟以及对本次活动的感谢。我想本次活动的目的应该是达到了。当我们不能绕开"初二现象"的客观存在时，应积极采取行之有效的方法，帮孩子渡过难关。很多家长认为在这一时期的教育重在教师，殊不知孩子在缺乏家庭教育的情况下，难以形成健全的人格，家庭教育才是其中的关键！"走近'你'，走进'你'"，我就是希望在初二这个既特殊又至关重要的时期，能通过自己的努力，让亲爱的孩子们和家长们一起成功跨过"初二现象"这道难题。

回想起自己的初中生活，因为"初二现象"，跟父母交流开始不畅，于是决绝地选择了住校，而最后却还是会与父母顶撞、冷战、彼此伤害，现在想来，成长不应该只有这一条伤痕累累的路。我的孩子们，作为一名教师，在这个特殊时期有幸陪伴你们一起成长，我一定会尽自己最大的努力，让你们和父母走近彼此，走进彼此的内心，不再有成长的遗憾！

我的英语教学故事

兰州市第二十二中学　程　露

作为一名中学英语教师,我爱我的英语教学,我爱我的学生。看着现在的初中学生学习英语遇到诸多困难,我总是在思考,究竟怎样让学生在有限的课堂时间里学好英语这门语言呢?根据新课程大纲的要求,英语学习的指导理念有了很大的变化。教育教学中有太多的东西值得我去深思,去探索。通过自己这些年的英语教学实践,我认识到,老师教的内容总是有限的。"教是为了不教",那么,怎样才能做好中学英语的教学工作呢?就初中英语而言,课堂教学是关键!以下是我在教学过程中的几点体会和心得。

一、备课时,"备学生"是重点

刚参加工作时,我盲目地认为教师备课是在研究教材的基础上进行的,是为了完成既定教学任务而展开的。却很少顾及学习的真正主人——学生。因而教学中虽然也抓住了重点,突破了难点,但因缺少学生默契的配合,致使每节课始终达不到理想中的要求。后来在向一些名师请教和读了一些书籍之后才了解,对学生的了解、分析和研究是教学取得成功必不可少的因素,也是备课的核心内容。

"备学生",就是我们为上课所做的一切准备都必须建立在尊重学生的基础上。而所谓的尊重学生,就是平等地对待学生。把学生放在作为人的主体地位上。细想真是如此,如果我们把自己当作学生的朋友,那么我们就能感受到他们的喜怒哀乐。

备学生,就是给每一个学生准备好"成功的阶梯"。学生的成长需要激励，面对失败的结果学生最需要他人的安慰与鼓励，学生最期待教师公正的评价和积极的肯定。这时，教师的表扬就能减少学生失败后的灰心，增强学生成功后的信心。

"备学生"，就要让每一个学生都能不负教师的期望，每个教师对自己的学生都有自己的期望，但一个班级的学生其学习和发展的水平总是有差异的，因此，期望的实现是需要空间的。如果我们在教育、教学的实践中，让学生自主拓展求助空间，那么我们的教育、教学就能开拓到鲜为人知的"冰山"之下，可以想象冰山之下的世界更加广阔，更加美丽。所以，有时多给学生一些自由，让他们自己去选择，这样，他就学会了自主；给他们一些机会，让他们自己去体验，学生就懂得了珍惜；给他们一些问题，让他们自己找答案，学生就增长了智慧；给他们一片空间，让他们自己向前走，学生就成为自己发展和成长的主人。

新课标强调：教学应以人为本，让不同的人在英语上得到不同的发展！学生作为教育教学的主体对象，他们是一个个发展中的人，也是一个个发展不平衡的人，更是一个个有强烈求知欲望的人，所以，在备课时，应切实了解并尊重学生的现有水平，并以此为基础引导他们主动探索、学习新知识。

备课时做到"心中有学生"，让学生在学习中感受到乐趣，而不是痛苦。只有这样，学生才会学得更主动，课堂也不再是机械兑现教案的过程！

二、培养学生学习英语的兴趣

"兴趣是最好的老师。"如何让学生在打好基础的前提下，培养学生浓厚的学习、运用英语的兴趣？我运用形象、有趣的图片和丰富多彩的课件与学习情境，不断激发学生学习英语的兴趣，让学生充分感受到学习英语的乐趣。让学生先动口模仿，这样可以训练正确的语音语调，还可以培养其口头上运用语言的能力。有了这种能力就为大胆地说英语奠定了基础。

三、尽力使用英语教学，营造英语氛围

（1）在教学过程中尽可能少说汉语，以英语为主体，利用肢体语言、眼神、音调等辅助手段来帮助学生理解教学内容；并且在教学过程中创设各种情

境对话，通过直接的语言交流来帮助学生形成语感。通过这种方式组织教学，能增加学生的语言实践机会，营造语言氛围，培养学生直接用英语思考、表达的习惯。

（2）英语作为一种语言，其教学应该融入一定的情境之中。可通过课堂表演来创造一定的语言环境，给学生营造一方自由发展、自由发挥的天地，并且可为学生提供自主学习和交流的机会，给每位学生自我表现和自我发展的时间和空间。

（3）鼓励学生通过参与体验、实践、合作、探索等，发展听、说、读、写的综合能力和整体素质。要求学生在学校见到老师、同学，用英语打招呼；在英语课堂，尽可能用英语进行交流；在课外，也要鼓励学生尽可能使用英语。把英语教学融入日常生活中的各个环节，让学习成为生活的一部分，让生活成为学习的延续。

四、关注学生情感，创造宽松、民主、和谐的教学氛围

（1）尊重每个学生，鼓励他们积极尝试，及时发现他们的进步点并给予相应的表扬，维护他们的自尊心和积极性。

（2）创设各种合作学习活动，促进学生互相学习、互相帮助、体验成功、合作发展。

（3）关注学困生和性格内向的学生，尽可能为他们提供表现自我的机会，让每一次小小的突破成为他们进步的基石。

（4）建立融洽的师生关系，经常和学生一起交流和探索，了解学生所想所需，做到教学相长。

五、加强学习方法指导，帮助学生学会学习

1. 积极创造条件，让每个学生都参与到学习活动中来

结合语言情境，让学生通过实践和运用来深化学习，进行自我评价，根据各自的不同状况进行查缺补漏。中学英语教学的目标是要通过听、说、读、写训练，帮助学生学会正确使用英语，并具备一定的英语口头表达能力。这一主线贯穿整个教学的过程。其中，听、说训练尤为重要，训练的途径也是多样化

的。所以，英语教学必须因材施教，因人施教，并且在教学过程中联系实际，不断探索、不断实践、不断反思，这样才能在教育教学中不断进步和完善。

2. 在上课时，教师应勇于"让位"给学生

新课标强调：学生是学习的主人，教师是学习的组织者、引导者与合作者。为此，教师要改变以往教学中"满堂灌""一言堂"的状况，勇敢地"让位"，把课堂还给学生，把学习的主动权交给学生，鼓励学生用自己的思维去探索，用自己的语言去表达、交流。我想，只有这样，教师才能算是真正地"让位"，才能算是让学生从真正意义上进行自主学习。也只有教师真正地"让位"，学生的学习才会更加投入、更加主动、更加积极！

3. 教师要努力为学生提供展示自己的舞台

从心理学的角度来看：每一个人在其内心深处都强烈渴望着被欣赏、被发现，同时也隐藏着更加强烈的表现欲！身为教师，只有完全了解学生，在教学中努力为学生提供各种展示自我的舞台，让他们尽情地、淋漓尽致地展现自己的才华、发挥自己的潜能，才能进一步激起他们渴望学习的信心和热情！

用爱为孩子的成长架设桥梁

兰州市第八十一中学　孙　鹏

爱因斯坦说过，只有爱才是最好的教师，它远远超过职责感。是的，没有对学生的爱，又怎能做好教师工作，没有爱的教育又怎能是成功的教育呢？从教十几年，担任班主任工作十五个春秋，我一向将爱作为自己工作的起点，也始终将爱作为我工作的终点。因为我坚信：教师的爱是滴滴甘露，即使枯萎的心灵也能苏醒；教师的爱是融融春风，即使冰冻了的感情也会消融。

教育是永恒的话题，是全社会关注的焦点。对于一个个充满生机、个性鲜明的受教育者，传统的教育思想及观念已远远满足不了时代的需求，教师务必不断充实自我，让班主任工作紧扣时代的脉搏，把握教育发展的趋势。为了实现这一目标，我平时注意学习和积累，《班主任》月刊、《中国幼儿教育》及《北京晚报》的教育专栏成为我每日必需的精神食粮。通过学习，我提高了自己对班主任工作的认识，掌握了一些班主任工作的方法，积累了不少处理疑难杂症的秘方。是学习提高了我的理论水平，使我具备了必需的教育理论修养；是学习丰富了我的教育内涵，形成了我独特的教育风格；是学习塑造了我新的教师形象。

坚持情趣结合，塑造学生形象。常言道：国有国法，家有家规。那么，一所学校，有校纪校规；一个班，也有班纪班风。

刚进校的学生很不适应初中生活，怎样使他们尽快适应学校生活，成为一名真正的中学生呢？我选取"以趣激情"的教育方式，将学校的常规要求编成歌谣，教学生们在读中学、诵中记，将常规要求渗透进他们的心里。之后，我根据学生好胜心强的特点设计了"争当常规小榜样"的活动，在评比中记录学生的表现，对于表现突出的学生在家长和同学面前表扬，既为学生树立了榜样，同时也约束了小榜样的行为，化短期行为为长期行为，为形成习惯打下基础。

俗话说，十个手指头伸出来不一般齐！如何对待学生间的差异呢？每当遇到学生违反纪律的时候，我总是把他们领到身边，耐心地与他们交流，透过交流找到问题的根源，共同商讨和寻找解决问题的途径，因为素质教育的观念不是"要你怎样"，而是"我要怎样"。

我们班的李同学是一个聪明好学又淘气的男孩子，上课发言认真踊跃，作业写得又快又好，可就是在纪律上管不住自己，下课不是跟这个打就是跟那个闹，经常被同学告发，最严重的一次居然跟初二年级的同学动手了。了解问题后，我没有批评他，而是以此为契机，组织全班同学一起讨论：动手打人为什么不对？别人先对你不礼貌该怎样办？而这些平日里看似简单的孩子说出的话却句句有理。有的说，打人是不礼貌的行为；有的说，打人是不尊重别人；还有的说，别人先动手，我不还手，告诉老师。通过讨论，我们制定了班级公约：

（1）同学碰疼了我，先用礼貌的语言阻止他。

（2）善意地提醒他，不要再这样对待其他同学。

（3）如果需要，及时与老师沟通。

从那以后，课间乱打乱闹的现象大大减少了，学生们相互提醒，相互监督。我的以趣激情、以情导行的教育方法使我班的常规取得了明显进步，在学校的常规评比中取得较好成绩，得到任课教师的好评。

彰显学生个性，塑造班级形象。学生发展的速度有快有慢，发展的方向各不相同，这些受先天的遗传及早期家庭教育的影响，无论他的起点在哪里，教育的最终目标是使不聪明的学生变聪明，使本来就聪明的学生更聪明。因此，在教育教学中，我针对学生的个性设计多种活动，在活动中彰显学生的个性，努力发挥每个学生的特长，打造班级形象。

古诗文是中华民族宝贵的文化遗产，借创建书香班级的契机，我从学生的兴趣入手，开展了"做海洋小卫士"诗歌冲锋战活动。此活动以海底总动员中的尼莫身陷困境为情节，让每位同学奉献爱心与智慧解救小尼莫。学生们被色彩鲜艳的展板吸引了，被小尼莫的命运牵动着，当他们听说背下古诗就能帮忙小尼莫时，纷纷行动，用自己的爱心与智慧加入解救的行动中，短短的一周，学生们就背下了五六首诗，就连放学后也还拽着老师检查背诵。看着学生们纯真的目光，我也被深深地感动了，多么美好的心灵呀！他们不仅仅是海洋的小卫士，更是捍卫祖国文化的小卫士！

心中有爱

兰州市第六十二中学　连　郁

2012年8月，我再次主动请缨，担任初一（2）班班主任，兼任初一年级的年级主任。面对复杂、不均衡的生源结构，我及时制定了班级中长期计划，通过"一字、两勤、三操、四卫"的培养、督促，尽快抓好入学教育、常规管理，充分尊重学生，以学生兴趣为突破口，积极与家长协商，鼓励学生培养兴趣，从而带动其学习积极性。然而，工作的道路并非一帆风顺，班里淘气任性、不求上进、学习成绩大起大落、自暴自弃的学生时而有之，他们常常让我头疼万分，哭笑不得。但身为人师的我反复告诉自己：不要放弃！我不想这么轻易放弃他们，至少在我身边，他们不会学坏。等他们初中毕业了，年龄大点，也就可以分清是非，不容易被迷惑了。这是我一直践行的教育思想：心中要有大爱。

与学生朝夕相处，让我对教师这个职业有了更深的感悟，特别是作为一位班主任，既要有严师的风范，更要有慈母的情怀。班上的李辉（化名）同学，患有癫痫。因为身体不好、成绩奇差加上平时脏兮兮的，常常成为同学们取笑和欺负的对象。一天第四节课，有一个学生慌忙跑来找我，说李辉在教室里吐了。进到教室，扑鼻的臭味，差点让我也吐出来，可我知道，自己不能吐，强忍着。我先是关切地询问李辉的情况，擦掉李辉脸上、身上的污垢，看到他情况稳定，我又开始清理地上的污垢。1秒，2秒，3秒……学生纷纷起身主动清理污秽，给李辉倒水。在班会课上，我开展"说说他身上的闪光点"主题活动，通过孩子们七嘴八舌的言语，大家发现，李辉善良、热爱劳动，虽然能力有限但乐于助人，大家第一次正视李辉同学，并把掌声送给了他，我当场宣布：

"李辉以后就是我们班的副生活委员了。"李辉虽不机灵,但那种激动与喜悦溢于言表。此后,班里的同学再也不欺负他了。李辉从来没有得到过这么多同学的认可,他很少因"病"请假了,他的鼻涕终于擦干净了,简单的英语单词也能记住了。这些来自二十几所小学的学生逐渐变成了一家人,而我也被亲切地称呼为"连姐""连妈"。

为了能让学生多一些体会、多一些收获。我坚持"两手抓",一手抓各科学习,一手抓校园文化活动。引导学生学会在学习中反思、在反思中进步。此外,通过一系列丰富多彩的文体活动,如"班级命名我做主""才艺大比拼""校园大合唱""雪域踢踏舞""小孩不笨座谈会"等活动,培养了学生的集体主义精神,尊重了学生的个性发展,激发了学生学习的兴趣,陶冶了学生高尚的情操,促进了学生的健康成长。

作为一名班主任教师,为完成自己的光荣使命,把学生培养成才,我始终在努力地尝试、探索,不断地充实、完善自己。工作中,我以"一切为了学生,为了一切的学生,为了学生的一切"为中心,以"爱"——对学生的爱、对事业的爱为主旋律,用"心"谱写自己的教育篇章。

最好的改变
——致一直在努力的自己

兰州市第八十一中学　吴　倩

2005年,我走进了当时还只有两栋三层小楼的省建一中,自此踏上了三尺讲台,开始了我的教学生涯。同年,我接手了七年级三班的班主任工作,开始了我的德育工作。2018年是我参加工作的第十三个年头,也是我班主任工作的第十一个年头。不敢说自己多么优秀、多么出色,但是却是一直在努力,一直在坚持!始终拥护党的基本路线,全面贯彻党和国家的教育方针,热爱教育事业和本职工作,遵守社会公德,严格要求自己,教书育人,团结同事,严谨治学。自我认定是一名思想健康、品德优良、作风正派的教育工作者。

一、爱岗敬业,树立师德形象

何为师德?师德就是教师具备的最基本的道德素养。

我们总在说:教师是个良心活儿。教师的付出,无法用某种计量单位来检测、来衡量,我们所要做的,就是爱岗敬业,无愧我心!但是我们也是有血有肉的人,也有自己的生活和情感,所以,无论是上班时还是下班后,无论是校园内还是校园外,无论是心情好还是情绪差,都会自主、自觉地意识到,我是教师,我应该承担这份职业的社会责任和道德责任,一丝不苟地对待教育中的任何一件事。我想,这是敬业的诚心。

教育要由爱而发,由爱而生,由爱而长。马卡连柯曾经说过:"爱是一种伟大的感情,它总在创造奇迹,创造新人,唯有爱,教师才会用快乐的眼光去发现学生的闪光点,才会把辛苦的教育事业当作乐趣来从事,它能使教师感到每个学生的喜悦和苦恼都在敲打他的心、引起他的思考、关怀与担心。"我想，这是敬业的爱心。

犹记得2015届学生毕业时，我轻松的，甚至是有些解脱的心情。这届学生是我的"紧箍咒"。我从来没有如此地害怕上班。每当我踏进校门，我的头就开始隐隐作痛，所以，面对学生的时候，我的笑容越来越少，我的批评越来越多；我的耐心越来越少，我的粗暴越来越多。终于，他们毕业了，我想我再也不用面对一个个无休无止的麻烦了。可是，这一年，我的孩子上学了，我需要面对无数个更加严峻的难题，我身边是无数个大大小小的"麻烦"！于是，我开始细细回想，我也慢慢开始后悔。刚刚毕业的五班，我总说他们就是我的孩子，这句话不是说说而已，我内心真的是这么想的。他们有情绪的时候，我把他们当我的孩子来安抚；有成绩的时候，我把他们当我的孩子来欣赏；有退步的时候，我把他们当我的孩子来鼓励。所以，当他们心里有挣扎的时候，他们会把我当妈妈；当他们需要力量的时候，他们会把我当朋友；当他们取得成绩的时候，他们会跟我炫耀；当他们失败的时候，他们会跟我哭诉。这种关系，是一种无形的力量，守护着他们，也改变着我。

爱要表达，爱要坚守，爱更要传递。新学年开学初，正值九月教师节，我们七年级新生开展活动——给小学班主任老师写感恩信。我为每一位学生准备了彩色的信纸和信封，让他们给自己共处六年的小学班主任老师讲一讲初中的生活和变化，同时感谢老师六年的辛勤付出和陪伴，在这个特殊的日子，献上深深的敬意和谢意。于是，有的学生提议将我的电话号码附于信后，因为他们很细心地考虑到老师工作繁忙，无暇回信，收到信后可以发信息给我。如此周到的考虑，细致的用心，他们还是我们心中幼稚的小孩子吗？感恩的种子是不是已悄悄发芽？而在之后几天里，我陆续收到了来自不同小学的老师们发来的微信和短信，他们鼓励的话语为每一颗种子提供了向阳生长的源泉，倾注了爱的力量。

二、勤于学习，提高教育能力

记得看过这样一段话："一个教师不在于他教了多少年书，而在于他用心教了多少年书。不重复自己、不断探索、不断创新，这样的教师不会停止对生活的撞击,即使他成不了一位教育家,他也会拥有诗意的教育生活,他的生命也会有意义。"而不重复自己,不断挑战自我,不断创新的前提应该就是学习。我总在告诉学生:一分耕耘一分收获。学习是一件快乐的事情。所以,我也要成为学习型的老师,并且从中享受属于我的快乐。其实,我们最直接、最有效的学习就是来自身边的人,来自我们生活工作的环境。

2015年是我参加工作的第十年,也是在工作中具有转折性意义的一年。这一年,我走进了一个让我改变的大集体——名班主任工作室。还记得参加工作室的第一个活动,就是一节有趣的班会课,名为"穿越土豆",它带领学生体会信念的顽强,体会这是一股无坚不摧的力量,同时,也是带领我重新审视班主任工作的开始。通过工作室举办的一次次活动,我不断深入理解班主任工作——榆中四中的坚韧,红谷七十一中的坚持,兰州五十一中的多彩,兰州六十四中的突破……班主任工作虽然是辛苦的,但也是丰富的,思考推动了我的改变。

记得初三誓师大会上,刘校长问了初三学生三个问题:"毕业时,你为学校和为班级留下了什么?""为班主任和老师们留下了什么?"第三个问题也触动了我。"他们为我留下了什么?"于是,五月底,我开始做两件事。第一件事,我给他们布置了一项特殊的作业:画我,并且写下几句想对我说的话!听到这个作业的时候,学生们是诧异的、不解的,甚至是苦恼的。"老师,我画画不好!""老师,你不会后悔布置这个作业吗?""老师,只写字好不好?"于是,我看到了各种各样的我,我看到了色彩斑斓的我,我看到了奇奇怪怪的我,我看到一个满含眼泪的我!《吴语倩影》是我这本画册的名字,我写了前言和后记,不为别的,为他们,为自己!而第二件事,我们稍后再说。

三、为人师表,树立模范榜样

教师在育人的过程中,除了言传,更要身教,要用自己的示范行为来教育学生。要求学生崇尚的行为,自己应当行之;要求学生反对的行为,自己应当绝之。正所谓:"其身正,不令而行。"否则,"虽令不行。"所以会有这样一个说法和感受——什么样的老师就会带出什么样的学生!在对每届学生进行入校教育时,我都会告诉他们:"第一学做人,第二学知识。"所以,我的学生是热情的、善良的、友好的、单纯的。

四、团结有爱，形成教育合力

一个班级是一个团队，而一所学校也是一个团队，无论是班级工作，还是学校工作都需要团队精神。

所以，在教育学生的过程中，我们最需要的便是家长的力量。俗话说："父母是孩子的第一任教师。"家庭教育是对孩子健康成长不可缺少的一种教育，有学校教育、社会教育不可代替的作用，孩子成长过程中的大部分时间其实是在家庭中度过的，孩子的全部生活始终与家庭有密切的联系。大多数家长都只了解孩子在家庭中的表现，却不知道他们在学校的为人处世和学习状态，然后就固执地定义孩子的好与不好，优秀与否，片面地理解孩子的成与败。家长会是家校沟通的途径之一，我一改家长会的说教风格，将部分权力交给家长，通过我的观察，找寻每个学生的特点，为班里的每一位同学准备了奖状："学习标兵奖""科技能手奖""劳动模范奖""热心奖"……而颁发奖状的嘉宾就是学生们最熟悉的家长，我相信在成长的这十几年间，家长们已经经历了孩子的很多精彩瞬间，但是给自己的孩子颁奖，一定会是难忘的第一次！于是，我看到学生们骄傲地挺起了胸膛，也看到一双双满含热泪的眼睛，亲情支撑起一片万里晴空，任鸟儿自在翱翔，任花儿多彩绽放！

曾经我的一位同学要从教师的队伍中转行，问其原因，她说她没有"归属感"，她的职业把她当"外人"。可见，团结的集体多么吸引人！第一，我会把自己的前途与学校的命运联系在一起，并且愿意为集体的利益去努力、去奋斗。第二，与同事之间相互协作，彼此信任，彼此关怀，和谐相处，追求团体的整体绩效。所以，接着说我着手做的第二件事吧。六月初，我为五班的任课教师们准备了一份小礼物，因为无论是谁，也不可能单独撑起一个班，每个人的付出都需要被肯定，每个人的努力都需要被认可。三年时光可以匆匆而过，而三年的情谊却不能遗忘。今天，借这个机会，请大家给我一点点时间，陪我的同仁们打开这份礼物吧！希望你们会喜欢，也真心地感谢默默付出的同仁！

当然，我也有很多的遗憾，刚刚毕业的五班，孩子们很优秀，但是成绩不理想，我没有帮他们成为更加优秀的人，我很内疚，也很惭愧。

有这样一群人，默默无闻，把最好的青春奉献给了可爱的孩子；有这样一群人，不断进取，勇于挑战，把最真的热情奉献给了繁杂的教育工作。他们大步流星，无怨无悔地走在积累的路上，很庆幸能加入这个职业——教师！最好的改变，期待着最好的自己。

期中考试之前的小纸条

中国科学院兰州分院中学　马　杰

马老师：

我最近不知道怎么了，复习的都忘记了，背了就忘，我最近心情很不好，父母都不理解我，说是我自己的问题，我每天都在跟自己说要努力、要努力，可是我每天都在盲目地学习。虽然有计划，但每次和预想的差距太大，我不知道向谁倾诉，还有一天就考试了，但我不会放弃，请您帮帮我！

学生：小红（化名）

临近期中考试，课后我在办公桌上发现这样一张小纸条。字里行间似乎对考试充满期待但又满是无奈：父母的不理解、盲目低效的复习、过高的成绩预期等都是孩子心情不好的源头，但是她还不想放弃自己，于是有了这样一张充满深长意味的小纸条。根据小红同学遇到的学业难题，关于学习计划的制订问题，我提出几点建议仅供参考。

中学生制订学习计划（目标）应遵循SMART原则。

1. S—Specific

Specific（具体的，细节明确的）：学习目标应该是具体的而不是虚无缥缈的。中学生制订自身学习计划时，一定要明确具体内容。例如，目标是本学期我要背会语文课文十篇，就不是具体的目标。而是要确定哪一篇课文，且最好具体到哪一段，让学习的目标更具体化。

2. M—Measurable

Measurable（可衡量的）：制订学习计划的目的就是为了更好地检测一段时间的学习效果和达到的成果。例如，这个月我要准备背诵八年级下册英语单词，这是不可衡量的，而是应该确定每周背诵英语单词的进度，甚至可以具体到每天背诵的具体数量。

3. A—Attainable

Attainable（可实现的）：在制订学习计划时，过高或者过低地制定目标，都是不具备科学性和可实现性的。这个就很好理解，可实现和不可实现，相信每个人都有一个评判标准。根据每个人情况的不同，自己来衡量。同时，根据维果斯基的最近发展区理论，我们在制定目标时应当适当地高于当前自身已经具备的能力水平，才可以得到最好的发展。例如，对于一个数学水平暂时处于能够独立完成基础练习题的学生而言，如果他制定的目标是在学习过程中，要完成大量的数学奥林匹克竞赛题，这就是短时间内不可实现的。

4. R—Result-Based

Result-Based（重视结果导向）：做任何事一定要以结果为导向才能在做的过程中为了获取理想结果而穷尽气力。制订学习计划（目标）是为了达到预期的成绩目标。中学生在制订学习计划的时候，学习成绩和学习情感获得就是学习过程最后呈现的结果。因此，学生在制订学习计划的时候，学习成绩的提升就是必须重视的结果导向。

5. T—Time-Based

Time-Based（有时间性）：按照德鲁克目标管理法的观点，目标的实现是要有明确的时间限制。当学生把自己的计划和目标详细列出来之后，一定要给计划和目标定一个截止日期。学生制订计划后所要完成的计划目标，必须有一个时间节点，一个星期、一个月，或者一个学期。

有一个良好的学习计划，付诸实践并持之以恒地坚持，将会在学习中产生事半功倍的学习效果。

爱的教育

兰州市第七十一中学　苏亚丽

情景一：

孩子遭受校园欺凌，选择寻求社会小混混的帮助。

本想找最亲的人寻求安慰和保护，结果却只能自己关起门来黯然神伤，独自舔舐伤口。为什么好多学生出了事不会选择给老师打电话，原因是老师和孩子之间无法建立敞开心扉的信任，在他们遇到困难时，第一想法是"老师知道就惨了，老师还会找家长，会给家长告状，给家里人添麻烦"。这是一件多么可怕的事。平日里看起来无知无畏的孩子们，一旦遇到事，内心也是非常煎熬和害怕，却又装作若无其事。说到底，终究是对老师缺乏信任。学生在校园里宁愿被人欺负，承受痛苦，也不告诉老师，这说明老师和孩子的相处出了问题。有时候，悲剧的发生并非由于日积月累、深深浅浅的矛盾，而是在这日益隔阂的关系中演变出来的失望，由失望而绝望，这种绝望会在某一个瞬间被轻易引爆。大道理讲得太多，孩子却说："说了还不如不说。"

我们蹲下来说话，彼此理解，相互坦诚，我不是你妈妈，但是我有你妈妈的影子，当你遇到困难，你也会放心地告诉我，知道我永远是你坚强的后盾，这才能让我们在孩子面临困境时，走进他的内心，扳直他的脊梁，扶正他的臂膀，告诉他："没关系，学校就是你家，我就是你的亲人，你只管好好成长，我们来保护你。"

情景二：

伴随上课铃声的响起，伴随着老师走进教室的脚步，伴随着第一句开场白："上课了，你怎么还在吵？上课了，你怎么还在吃？你怎么这个样子？"

情景三：

"下去再抄一遍单词。"接下来的动作是纸笔一甩，带着加速度在空中"耀武扬威"，而此刻，学生已经扬长而去。

都说学生难教，回看此情此景，还真是如此，娇生惯养的孩子，父母都舍不得，教师又怎么管理，是啊，话虽这样，但是我们是教师，教育是个良心活，我们不教育，社会早晚会狠狠地教育。

爱的教育，是理解，是包容。作为教师，我们应该常常思考两个问题，假如我是学生，我会怎样想？假如是我的孩子，我会怎么样？

爱的教育，是尊重，是智慧。老师不能太像老师，也不能不像老师，这只有深入其中才能参透。

爱的教育，是信任，是陪伴。懒一点，把一些活交给学生去干，相信他们能够干好并从中受到指导，班主任如果事事亲力亲为，只会感觉到疲倦，反而不利于学生成长。

爱的教育，是关心，是守护。师生关系就是教育力，师生关系就是升学率，一流班主任的成功往往靠的是文化与情感的交流？

爱的教育，是宽容，是耐心。我们何不尝试着去问问与上课没关系的事，何不尝试着营造轻松愉快的气氛呢？

失败的公开课

中国科学院兰州分院中学　杨根平

提笔写下这些文字的时候，心中充满着太多的愧疚和惶恐……

愧疚的是很对不起那些前来听课的领导和老师，更对不起十年后的自己。

惶恐的是在一轮又一轮的教改中，突然发觉自己完全迷失了方向，找不到那个在教学中个性张扬、激情四溅的自己了。

犹记得，老校长曾经多次这样对我说："小杨，你若能在以后的教学过程中坚守自己的个性，保持自己的热情，坚持写读书笔记和教学反思，你将会成为一个非常好的老师……"然而时光飞逝，转瞬十年的时光，教学反思和读书笔记也写了一二十本，但在教学过程中我却完全亦步亦趋地走在学校教改的道路上，模式上更像了，但自己的个性完全丧失了，实在是悲哀至极！

单从本节课而言，原本想初三（4）班的学生胆子大，课堂气氛活跃，相信这至少是一节课堂教学效果差不多的语文课。然而令我万万没有想到的是，平日里声音响彻楼道的诵读变成了嘤嘤嗡嗡的吟诵，平时气氛活跃的课堂，一时间死寂得如一潭湖水，了无生气，差一点把人闷死了。与早晨在另外一个班的课堂相比，那个班恰到好处的概括总结、争先恐后的人物赏析和评论、流畅的课堂组织，令我不得不刮目相看。

原来沉闷的不是学生，而是老师自身。

备目标、备学生、备课堂、备心理等，一切的一切都要围绕学生学会和会学去准备，这样的课堂才会实现有效或高效的目标。两个班巨大的差异在于不能有固定的教学模式，只有不断适应新境况的教学过程、教学技巧和教学心理，才有可能避免"橘生淮北则为橘，橘生淮南则为枳"的苦涩命运。

从教十年来，其实笔者无时无刻不在反思自己的每一届学生，每一节课，每一次中考成绩背后的喜与忧、得与失、成与败，但是这样的努力反省在今天的公开课上却显得如此肤浅与无用——跟不上教改节奏，便觉自己术业不精，功夫不深。

学海无涯，而吾生有涯。我的教改该怎样往前推进呢？保持个性还是按部就班？

一时间想起了那个在新西兰小岛上写诗的顾城：

天是灰色的，
路是灰色的，
楼是灰色的，
雨是灰色的，
在一片死灰之中，
走过两个孩子，
一个鲜红，
一个淡绿。

或许我也是一个被思想宠坏的老师，如今思想远去，只留下个性的空壳，寂寥而苍茫。面对眼前的天空，在我的课堂上，我依然坚定地喊出：

我真的不是一个被生活宠坏的公主！

我一直努力想做一个有个性的老师！

向名师学习，合理规划自己的教育生涯

兰州市第二十二中学　程　露

如果要问自己的教育生涯中，有多少感动的瞬间？我便会思绪万千……一幕幕画面、一张张熟悉的脸庞、一条条祝福的短消息、一声声轻轻的"老师好"都是我工作的动力。

不知不觉自己已经在高中教学岗位上工作了15年，回首15年的教育生涯，今天应该好好地总结，为今后的发展打下良好的基础。新时代的教育，对于教师也是新的挑战，近年来涌现出了很多优秀的教师，学校也专门建立了名师工作室和名班主任工作室，工作室吸纳的教师都是我们学习的榜样。这些优秀的教师给我的启示有这么几点：他们热爱教育，热爱本职工作；他们勤于学习、善于思考，能够及时进行教学反思和总结；他们知识广博、方法多样、勤于教研。名师的成长我们不可能复制，但我们可以学习，然后，制订自己的成长计划。

成为一名优秀的教师或者一名名师需要诸多努力，但有一点，个人的努力与勤奋才是成功最重要的因素。我们一定要有自己教育生涯的规划。我已经走过15年的教育历程，15年来积累了一些成功经验，也总结了一些失败和不足。

一、勤动笔、多听课、善反思成为主流

勤动笔。古语说得好：不动笔墨不读书。老师们充分利用学校配备的报纸、杂志、光盘，以及身边其他的一些学习资料，仔细阅读和观看，并认真做学习笔记，撰写出学习心得，确保数量多、质量高，如我们名班主任工作室郭浩老师的笔记字迹工整，记了将近3本，他的工作随笔透露出教师对工作的兢兢

业业。厚积而薄发，只有用心去读，用笔写我心，才能真正汲取其中的精华。

多听课。我们学校的名师在听、评课方面也下足了功夫，每学期每位名师听评课多的50节，少的20多节。大部分教师就学习重点、环节记录翔实，评课中肯。尤其是有些老师的听课记录本，正面写满了，再写在反面上，里面有执教者的教学思想，更有听课者的真知灼见，这种认真态度是我多年来所少见的。这样的听、评课活动扎实有效。老师们之间博采众长，相互促进，共同提高，是我们教研活动的最终目的。

善反思。老师们精心撰写教育案例，他们把教学中发生的一个个真实的故事记录下来，写出反思，汲取成功的经验，总结失败的教训。

二、课堂教学更富艺术性

课堂是教师的舞台。课堂教学水平的高低直接决定着学生的学习兴趣、学习效果，因此课堂教学是名师培养工作的重中之重。为此，学校组织了老师们赴各个学校听名师的课，每周的集体备课中安排名师指导公开课，在教学能手评选活动中进行赛课等活动。在听课、公开课活动中，教研员、老师们与执教教师进行沟通、交流，少谈优点，重点谈不足，谈如何改进，大家齐献策，老师们的授课水平均有提高，成效显著。在赛课活动中，老师们充分准备，精心设计，各展风采。虽然也有一些教师的课堂教学不尽如人意，但有热情，追求进步是他们迈出成功的第一步。许多教师通过外出学习，将学习所得大胆运用到自己的教学中，他们的课堂更富艺术性，较以前有了明显提高。

三、组织汇报会"一花开放不是春，百花开放春满园"

学校设立名师、名班主任工作室，真正目的是引领、带动全校教师教育教学水平的提高。据此，学校组织了名师汇报会，让名师谈学习的收获，其他教师都来聆听、学习，并在进行二次培训之后认真写出心得。作为一名一线教师，每次听完这样的汇报和培训之后，参加教学观摩活动，聆听名师的课，都深受启发：原来课还可以这样上，原来课还可以上成这样，课堂充满了快乐，也充满了激情，学生在轻松愉快中获取知识。我们感到他们的课堂无论是领先的教学理念以及独特的教学设计，还是融洽的课堂气氛和精湛的教学技艺，都给我们起了很好的示范作用。每次培训后都深感自己肩上的任务异常艰巨，并下定决心，自己在今后的教育工作中，会加倍努力，勤于思考，善于分析，力争成为一名优秀的人民教师。

四、守好课堂这一主阵地

课堂是教师实现自我、展现自我的舞台；课堂是学生学习知识、不断成长的圣地；课堂是师生共同努力提高教学成绩的主阵地、主战场。"主战场"的仗打好了，教学的效率和质量才会有。因此，我们要将课堂教学当作头等大事对待。

1. 做好课前准备

这里说的准备不光是教案、课件、教具和学具的准备，更重要的是教师自我心理上的准备。

2. 钻研教材

精心设计教学环节，上好每一节课。教学环节必须简洁、又有可操作性，要适合本班的学生，要利于学生接受。只有在吃透课标、深钻教材、研究学生的前提下，才能做到精心备课，在教学过程中胸有成竹和有的放矢。在备课过程中，不仅要考虑到怎样教，还要考虑到学生怎样学。

3. 注重课堂评价

多表扬学生，让学生充分认识到自己的优点。同时要特别注意培养那些内向、胆小学生的自信心。有一些学生，他们的成绩一般，上课认真听讲，也按时完成作业，但上课回答问题的时候声音很小，或从不主动回答问题。这样的学生其实是有很大潜力的，只要我们教师抓住机会适当表扬，他们的成绩肯定会有一个飞跃。

4. 精讲多练，重在落实——优化课堂教学模式

课堂教学要精讲多练，把大量的空间和时间还给学生，让他们自由支配，做学习的真正主人。对于基础较差的学生，可灵活调整讲授时间，但也不宜超过50%。精讲多练是教师主导与学生主体的具体体现。精讲，即蜻蜓点水，画龙点睛，直截了当，不绕圈子，不说题外话；多练，即学生反复实践和应用，这是学生吸收和消化知识的重要途径。练可以是口头的、书面的，个体的或集体的，也可以是单项的或综合的。要提高课堂教学质量，还必须注重当堂知识当堂消化，杜绝课内损失课外补的不良做法。将大量的课堂练习变成课外作业，会加重学生的课业负担和心理负担。学生每天埋头挣扎在作业堆里，无法自主支配，无法发挥特长。课内损失课外补的做法于人于己都没有好处。不仅自己的教学内容没有落实，心中没有踏实感，有的甚至炒"回锅肉"，费力不讨好；而且会僵化师生关系，学生怨声载道，拒而远之，久则产生厌学情绪，何谈提高教学质量？

总之，自己深感现在要做的就是赶紧行动起来，加强自身学习，认真地搞好教学工作，并努力创造各种条件进行教研和教改活动，逐渐缩小与名师的差距，不断促进自身教学水平的提高，促进素质教育的发展。

怎样做好一个班主任

兰州市第八十一中学 孙 鹏

从我当上班主任时起,我一直尽心尽力地为当一名优秀的班主任而努力。我早来晚走,尝尽了作为班主任的酸甜苦辣。但是,如果让我再次选择,我还会毫不犹豫地选择班主任工作。因为我在与孩子们交往的过程中,真切地感受到了孩子们的热情与可爱。我在经历着痛苦和失败的同时,也在迅速地成熟。我付出了自己辛勤的汗水,收获的是学生们可喜的成绩;我燃烧了自己火热的青春,收获的是学生们丰厚的感情。回想着点点滴滴,我真的无怨无悔!

一、用爱心感染学生

作为班主任,关心学生就应该像关心自己的子女一样,既要关心他们的生活,又要关心他们的健康,还要关心他们是否掌握学习的方法。更重要的是关心他们是否懂得怎样做人。这正是班主任的职责所在。爱心是具体的,具有浓厚的感情色彩。例如,每天早晨巡视教室,先看看学生有没有到齐,遇到天冷或天热的时候,照料学生们衣服穿得是否合适,早上是否都吃过了早餐。总之,同学们在学校的饥寒冷暖、喜怒哀乐几乎事事关心。学生生病时,带他去看病,家长感激,学生感动。我认为:这些看起来很平常的班主任最基本的工作,正是一个班主任爱心的具体体现。

二、用细心照顾学生

班主任管理班级需要细心。班主任管的事特别多,班级的卫生、纪律,学生的行为、生活……样样少不了班主任操心。我们班学生的特点也很明显。

他们很活跃、喜欢表现自己，自信心强、上进心强。同时也存在一些问题，如，骄傲，娇气，以自我为中心，喜欢表扬、听不了批评，不够虚心听取别人的意见，自律能力差，放学不按时回家等。针对这些问题以及学生的年龄、心理特点，我在班级组织学生学习《中小学生日常行为规范》，并在此基础上开展了"看我最棒"的养成教育评比活动，这个活动从"文明""守纪""好学""勤劳""特长"五个方面进行评比，以此鼓励、强化文明行为，促进良好习惯的养成。

三、善于组织和管理学生

班主任必须善于组织和管理学生，这是我感受最深的一点。作为班主任要做的工作多而繁杂，如果不能建立一个良好的班委会，各项工作就很难顺利地开展下去。所以我花很多心思培养班级的骨干力量，让学生自己管理自己。这样不仅班主任轻松，而且可以培养班干部的组织能力。就拿现在的班级来说吧，现在班里的一般事情都由班长负责，但各项具体工作细分到各个班委成员。早读、早操等日常工作都由班长负责；教室内的黑板报由宣传委员负责，老师作适当指导；学习上由学习委员和各科科代表负责。当然班主任要随时随地做检查指导。这样一来，班内的工作形成了程序化和制度化，各项工作就更能顺利开展。

四、做学生和家长的朋友

班主任是联系学校、家庭、社会的纽带，所以应该也必须成为学生的朋友。在一年多的班主任工作中，我与许多学生家长打过交道，可从来没有和他们产生过矛盾，无论他们的孩子在学校给班级带来多大的麻烦，自己有多愤怒，只要见到家长总是笑脸相迎，从不把气撒在家长身上，而是用商量的语气向他们解释，与他们交谈，商量教育孩子的最佳办法，不仅得到了家长的信任，也取得了很好的教育效果。

五、业务精湛，爱岗敬业

"科研兴教，科研兴校"已成为当今学校的主方向。我校校长特别注重对教师教学质量方面的培养，经常为我们提供外出培训的机会或请中心校教研员来我校指导教学。我们也知道，抓教研的任务是艰苦而复杂的。我积极参加中心校组织的教研组活动和我校间每周一次的教研活动，努力备好课，写好教学反思。准备讲课的过程虽然累，但准备的每一个细节却是难忘的。当然旁观者清，当局者迷，为尽量避免这一情况出现，我在每一次讲课时，都将自己的授课过程录下来，回家放在电脑上慢慢地看，如自己听他人上课一样。这样便知道了自己的缺点以及如何去解决。有时，我将其他教师上课的方法适当地带到自己的课堂上，除每节课备好详案、写好教学反思外，更加重了对学生综合能力的培养，努力地将教学研究与课堂教学紧密地结合起来。

六、重视主题班会与主题队会的开展

我十分注重每次主题班会与主题队会的实效性，每次活动都让学生得到一次思想和灵魂的洗礼，让他们留下深刻印象并指导以后的言行。例如，国庆节的演讲比赛、养成教育班会，"让地球妈妈笑起来"的环境保护主题的班会等，通过开展丰富多彩的班级班会、队会活动，优化班级文化环境，丰富学生精神生活，促进学生综合素质的全面发展。

我虽然取得了一些小成绩。但我深深地知道，这些成绩的取得离不开学校领导对我的大力支持和帮助，我一定会继续努力把工作做得更好！最后，我引用一位老师的话来表明心志："一年前，我在埋怨着自己的渺小和平凡。可是现在，正是由于孩子们的可爱，我才能甘于清贫、乐于奉献，才能无怨无悔地战斗在班主任的工作岗位上。我愿意将自己火热的青春献给这神圣的事业，愿意刻下皱纹、染白双鬓去成就学生们事业的辉煌和人生的绚烂！"

做快乐智慧的班主任

兰州市第六十二中学　连郁

曾有一位班主任对我们的工作做了这样的解释——班主任，虽为"主任"，"官"不入品而责任大于天。班主任承载着塑造学生灵魂的重任，对学生教育引导、精神养育，付出的是平凡、琐碎、智慧、青春，班主任是学生肚子里的"蛔虫"，是学生生活中的拐杖，更是学生的人生导师。

一、做一个快乐的班主任

我们班级的班训是：快乐、忙碌、自信、拼搏。

如何做一个快乐的班主任呢？我认为应做到如下几点。

1. 充分了解学生，吃透"班情"

用诚心经常跟学生沟通、交流、谈心，站在学生的角度多替他们着想，走进学生的内心世界。培养学生自尊、自信、自重、进取、坚强的性格，感化他们，帮助他们克服心理上的不成熟。教育他们学会做人、处事。例如，有的学生某一科成绩不够理想，他们就会在日记里反映如何苦恼，这时就要找机会与他们聊聊，努力在日常生活学习上寻找他们身上的闪光点，给他们机会发挥长处，及时表扬鼓励，让他们找到自信，减轻学习带来的巨大压力。

2. 培养得力的班干部，给予充分的信任

关于学生自主管理的问题，魏书生的《班主任工作漫谈》里论述得很详尽。有班主任在，学生能做好，说明班主任基本合格；班主任不在，学生能做好，说明这个班主任很优秀。所以班主任必须要调动学生参与管理的积极性，发挥学生自主、自理、自我管理的能力，在班级中营造一个有利于学习的氛围和环境，建设良好的学风和班风。例如，在初一新生入校的第二周周一，下午的自习课我没有进班，班级里有些嘈杂；周二下午依然有人在说话，这时，我与班长进行了第一次沟通。班长向我诉说同学们如何调皮，不服从管理，这时，我问："你是怎么解决的？""我就是制止他们，告诉他们要安静。""那么你的方法是不是不太好呢？多想想，好吧？肯定可以解决的，我相信你！"周三当我再次慢慢走到班门口时，班里鸦雀无声，每个学生都在做自己的事情。显然，班长已经找到了行之有效的方法。所以，在培养得力的班干部时，我认为，给予充分的信任极为重要。如果班干部能各尽其职，班里的学习、纪律、卫生也就不用班主任费心了。更重要的是锻炼了学生，提高了他们的能力。

3. 严格要求，培养习惯

我很严格。许多孩子很怕我，甚至同年级的孩子以为我姓"严"。俗话说："严是爱，宠是害，不教不导要变坏。"我始终认为，严格要求和管理学生既是对学生最大的尊重，又是最大的爱，也是教师的天职。我们要让学生在教师的管理中逐渐养成良好的行为习惯。因为良好的行为习惯是人一生最大的资本，我们一生都在享受它的利息，养成良好的行为习惯将会使我们受益终身。

4. 注重班级文化建设，开好主题班会

以往，我们大多数人以为班会就是一种形式，没能认识到它的重要性，甚至把班会课上成了自习课。其实，如果利用班会，将学生的思想工作做好了，就会有意外的收获。为了举办一个充实的班会，我和班干部对每一次班会都做到如下几点：

（1）充分准备，写好提纲

班会形式包括班主任讲演、学生讨论、师生讨论、学生演讲、辩论等，选择时可根据班会内容随机安排。我的具体做法是：展示图片、展示视频。根据主题，要求学生提前做好充分的准备，要求人人发言。有的学生在平时很少跟同学交流，可是在班会上，他们的见解是很独到的，他们所看到的、所理解的角度很独特、很精辟，这样的结果已经超出了我的预期。班会的效果自然不错。

在班会上，我比较注重从微小的现象出发，抓住教育契机，借题发挥。

例如，班内有人玩手机，可以"说说手机的利弊与我们的自制力"；有人乱扔垃圾，可以说一说"何谓公德心"；谈到感恩，可以说说我们应该"如何感恩"；等等。这样从小事讲到大道理、从表象讲到本质，让学生充分认识到，成功是优点的发挥，失败是缺点的积累，细节造就成功。只有克服缺点发挥优点注重细节，我们才能获得最后的成功。

（2）每节班会必做的事情

① 唱会一首好歌，谨记一句名言，了解一个好人、一件好事。通过这种方式让班级形成一种积极奋进的班级文化，学生人人肯学，人人愿意吃苦，人人都有信心，人人都有爱心。现在的很多学生只关注游戏、电影、八卦新闻，而对于一些名言警句、好人好事好现象却知之甚少。所以在班会课上，我会带着他们一起去学习了解，以此让他们知道得更多。

② 提出目标。这个目标不仅仅是学习目标，还有班级奋斗目标、个人奋斗目标、短期目标、长期目标、学期目标、中考目标、总分目标、单科目标等等。不断地更新这些目标，让它们深入人心，让学生牢记。

③ 总结一周大小事。无论是取得了好成绩还是以失败告终，有活动就有总结，学生自己总结，班干部总结，班主任总结，使学生学会总结经验，吸取教训，明辨是非。

5. 互相尊重，换位思考

现在的学生都很爱面子，在教育批评学生时，可以考虑尽量避开全班学生，考虑到他的自尊心。如果班主任对学生的错误不闻不问，或睁一只眼闭一只眼，学生迟早会埋怨老师的不负责任。一位班主任老师用他的才华征服了学生，学生才会无条件地接受他的观点，因为"亲其师而信其道"。作为班主任除了要增强提高教学能力意识，还要及时找时间与学生沟通，让学生的思想有个宣泄的渠道。如果班主任能打开学生思想的闸门，就标志着班级教育已经成功了一半了。

6. 不要忽略班级中的学困生

在学生毕业几年时间内，你经常碰面的可能就是你班里当年让你头疼万分的学生。我们在今天的班级工作中，是否想到过这些问题，那些整天被老师呼来骂去的学困生，几年以后，十几年以后，我们同他们在街头、在商店碰上了面,如何更好地、更坦然地面对他们?

每个班级的最后面一排总有几个学生,由于他们的学习很差,在大家都在认真听课、学习的时候,他们总是以游离的目光在教室里东张西望。作为班主任,我们有责任去帮助他们。班主任本来就是在学生心尖上行走的人,稍有不慎,便会贻误一颗心、一个生命。因此不要忽略或厌恶,甚至放弃班级中的学困生,而是要关注他们,关注他们,就是在关注一个生命,就是关注了一个家庭。关注他们,了解他们,善待他们。有这样一句话:"说你行,你就行,不行也行;说你不行,你就不行,行也不行。"在我们班,我把每个同学都看成我的朋友,从来不用鄙视的目光看待他们。对于学困生,不管是在谈心还是闲聊,我总是注意给他们心理暗示,让他们感觉到老师喜欢他,认为他行,他有潜力,老师相信他学习成绩会好起来。我经常给我的学生讲:零分不可怕,怕的是不总结;分数不重要,重要的是努力的过程。这样学生们就很情愿与我沟通和交流。没有老师也能照常上自习课,没有老师同样也有同学管纪律,无人监考进行得也很顺利。我们班现在有个学生,学习成绩比较差,比较好动调皮,但体育成绩比较好。和他谈心时,我说:"现在中考体育也有50分,你体育好,如果你今后考上大学,那你的前途无可限量,你知道吗?"接着我又把他以后的各种出路进行了分析,让他真正看到希望,说他只要把精力多放点在学习上,他一定很出色。经过我多次长时间的耐心教育,他终于转变过来,学习认真了。从此,每当他学习上出现畏难情绪想退缩时,我总是想办法去激励他、关心他,帮他想办法把差的地方补起来。他也相信自己今后能够变好,原因很简单:那就是他知道,在他的背后有我和很多同学用期待的目光在看他,我们关心他,我们对他的一举一动很在乎,我们需要他。

7. 安全秩序

把"保证校园的稳定,保证学生的安全,规避学校的管理风险"作为工作的重点。安全稳定工作是保证学校正常教学、生活秩序正常运转的关键,要始终做到安全稳定、常抓不懈。在日常管理中加强各种安全措施的落实,消灭各种事故隐患,真正做到让家长、学校放心。

学生未到校,一定不要大意,第一时间联系家长。学生有病,先通知家长,由家长送进医院或接回家,避免安全责任事故的产生。

二、做一个随机而变的班主任

上课时风趣幽默，但又对纪律严格要求；搞活动时富有激情和感染力，自身参与其中使学生情绪高涨；做思想教育时动之以情，晓之以理，语重心长。

1. 学生的榜样

班主任的一言一行，人格人品，对学生不知不觉间有着深远的影响。因此，班主任要注意自己的言行，不可太随意。首先，班主任兢兢业业地工作，本身对学生认认真真地学习就产生示范性的效应。同时，在一些具体细节上也要注意身体力行。班级事务，自己能做的就自己动手去做。地上的纸屑，课桌上的摆设，窗帘的安放等可以适当整理。走进教室同学们都在认真学习，那么弯弯腰，动动手，擦一擦，摆一摆，学生会看在眼中，自然会潜移默化。指手画脚乱批评、乱指责，"使唤"着学生干活，而自己只站在旁边"监督"，这样的行为学生肯定很反感。每次我们在清扫操场时，我都会身先士卒，不但做好指挥，还要做好示范，因此学生们也都不会怕脏怕累。时间长了，学生会形成一种自觉性，并模仿着为班级做一些力所能及的事。

建立一定的师生友情，多点信任，多点帮助，多点落实，真正起到表率作用，学生们就会跟着老师的指挥棒转，著名教育家马卡连柯说得好："老师个人的榜样，乃是青年心灵开花结果的阳光"。

2. 魅力课堂

班主任要得到全体学生的钦佩和爱戴，必须注重自身素质的不断提高，满足学生各种求知欲望，成为一名出色的任课教师，这一点至关重要。因为我们与学生最初的接触是在课堂上，学生评判我们的第一个标准就是你的课讲得怎么样，如果有扎实的教学基本功，有先进的教学方法，那么学生不但会钦佩你、崇拜你，也会理解和信任你。所以，作为班主任，刻苦钻研教学业务，认真探索教学方法，灵活运用教学原则，细心传授学习方法，努力提高教学质量是必过的一关。一节有魅力的课，能够让学生愿学、乐学。只有把握好每一节课，利用好每一分钟，调动好每一个人，才能达到目的。用自己的魅力感染学生、吸引学生，只要学生喜欢你这个老师、这门学科，学生对班主任才会产生向心力，班级才会有凝聚力，有了凝聚力整个班级才会有战斗力，那么班主任管理起来就会得心应手一些。当然，作为班主任，我觉得搞好自己这一学科的教学质量，不仅不能占用学生其他的时间，还要组织学生搞好其他科目的学习。

3. 善于总结积累

其实我觉得，在我们身边许多班主任工作做了不少，辛辛苦苦干了一辈子，零碎的经验也不少，但如果不对自己的工作点滴进行总结，没有对发生在自己身上的许多案例进行深刻反思，也是一种极大的损失。所以我经常对自己工作实际中来自学生的各种案例进行深思，不草草而过，对比较突出带有共性的问题进行多角度深思，找到最好的解决办法，并养成提炼总结形成文字的习惯，以便更好地完成自己的班主任工作。

4. 保持激情

在每次班主任培训学习中，无论是专家、作报告的优秀班主任，还是与会的其他班主任，都张扬出一种激情。班主任的激情在教育中确实起着十分重要的作用。我们的激情对学生的兴趣会产生重要影响。

记得有一次，我身体不适，带着一脸的疲惫去组织班会，孩子们跟我配合得很不好，提出问题，没人回答，愣愣地看着我，我十分生气，觉得孩子们没良心，对他们那么好，也不知道在我生病的时候体谅我、心疼我。后来，仔细想想，其实孩子们根本猜不透我！如果我对着一张苦脸，那么我也肯定是提不起兴趣的。他们毕竟是孩子呀！这时沟通就出现了问题。所以班主任的精神状态足以影响几十个孩子的情绪。

三、做一个有爱心的班主任

没有爱的教育就像池塘里没有水一样，不能称其为池塘。没有爱就没有教育，爱，是班级管理的一个基础。做一个教师，必须要有一颗爱心。爱孩子才能培养孩子的爱心，只有对学生倾注了爱心，让学生感受到教师的爱，才能获得学生的信任和尊重，才能让学生体会到班级的温暖与和谐。

班主任老师们每天清晨都会在课前来到班里，讲安全、抓纪律、看卫生、查出勤、督促学习，不足之处组织学生及时整改落实。学生生病了，一个慰问电话；天冷了，一句叮咛；学生进步了，一句表扬，一个肯定的眼神，这些在学生眼里，就是爱。

班主任工作比较琐碎、繁杂。在处理问题时，如果没有一颗真正关爱学生的心，就很容易流于简单化，或者是千篇一律，学生心里并不服气。我觉得要使一个班级有良好的班风，有强大的凝聚力，不断前进，班主任除了做好一些常规工作外，还应有一颗爱心，把自己真正融入孩子们中间，多理解他们，使他们信服自己，愿意把自己当作他们的好朋友，愿意与我们多方面地交流思想。"一双眼睛看不住几十个学生，一颗爱心却可以拴住几十颗心。"但是爱并不是一味地纵容，要严出于爱，爱寓于严，严而不凶，宽而不松，严在当严处，宽在当宽处。对于我班的学生，他们每个人在我的心里都是平等的。不论他们是成绩好的，还是不好的；也无论他们是懂事一点的，还是调皮的。因为这份爱，虽然班主任工作有一点累，但我全然没有疲惫感，乐在其中！感受着为人师的快乐！

记得一次一个体育生生病，一个人在宿舍捂着被子休息，我想生病的人没有人陪很孤单，当时又恰好我没课，我就出去为学生买了一些吃的送去宿舍并带他去输液，之后又把他送回宿舍。之后在我犯咽炎时，我很惊喜地发现我的办公桌上有他送来的含片，很是感动。试想这样会关心老师的学生能不服从老师的管理吗？当我们批评学生时尽量单独批评；当我们表扬学生时，尽量当众表扬；当我们关爱学生时尽量倾注于一人，时刻让学生感受到我们的爱。

爱学生要从细节入手。例如，天气预报降温，要及时告知学生添加衣物；体育达标测试，提醒孩子们穿上舒适的运动鞋。点点滴滴的爱，必定会感化孩子们。

四、做一个懂得捕捉全班学生闪光点的班主任

捕捉闪光点。金无足赤，人无完人，再好的学生难免也有不足之处，再差的学生身上也有自己的优点，及时捕捉学生的闪光点，抓住契机，鼓励其上进。这是班主任工作至关重要的一环。一个人只要体验一次成功的快乐，便会激起无休止追求成功的力量和信心。因此，适时地引导学生了解自己的长处和短处，就可以扬长避短，增强其学习的信心。期中考试，班里有个学生数学考

了7分，天哪，怎么办？这是我当时的感受，愤怒随之而来。我很怕自己会在全班学生面前爆发，所以我那天没有和他们多说话。家长会上，他的妈妈很紧张、很难过，也很无奈，我准备了一肚子的话顿时只变成了一句话："孩子也很难受，他也不想得到这样的成绩，别骂他，更别打他，我们都要多鼓励他。"家长很意外，孩子更意外。此后，无论是在课堂还是在劳动中，我都会刻意地关注他，及时鼓励表扬，鼓励他积极参加车模比赛，现在这个孩子慢慢地有了自信，各方面都有了不小的进步。捕捉闪光点，抓住契机，鼓励上进，有助于学生树立自信心。例如，我班班长起初只是学习成绩中等偏下的学生，我发现他其实热情积极、诚实仗义、公私分明，而且工作能力非常强，有组织号召力，几次同他私下交流后，我就任命他当班长，短时间内，竟然有了出其不意的效果，班级凝聚力强了，大家都有了很高的荣誉感，他现在已不是原来的他，是一个能带领班级走向进步的一班之长，自己的学习成绩也一直名列前茅。

五、做一个容许学生犯错的班主任

也许有人会说，这不是放纵吗？为什么还要对学生的缺点和错误予以包容呢？一般来说，谁也不会喜欢自己的缺点和错误，只要对自己的缺点和错误有所察觉，都愿意克服和纠正，就人之常情说，谁也不愿意让老师，让家长或上级领导当众揭老底，即使有失误与犯错，大都希望能得到谅解。本应该受到责罚，反倒没有给予责罚，本不应该谅解的，反倒得到了原谅，那么必定会心存感激，会更加自责、内疚，这样的心理情感人们都可以理解。尤其近些年，我在处理一些学生违纪问题上，是有着深刻切身的体会的。我们要允许学生犯错误，我们要有足够的耐心去容忍学生一次次地跌倒，我们绝不可以在他们的伤口撒盐，绝不可以在学生的十字路口推他们出去，应拉他们一把。多替学生想想，多替家长想想，毕竟学生们还要在社会立足和打拼。

六、做一个勤劳的班主任

1. 心勤

心里勤快了才能带动肢体。心里倦怠了，肢体也会停止运作。

2. 腿勤

勤到教室，尤其是早自习前、课间、午休时间走进教室，与学生交流，发现问题。了解学生的生活状况，真心关心他们的身体健康，尤其是对一些身体不舒服或成绩较差的同学多加关照，很容易让学生感动，因为他们处于青春期，心理敏感而脆弱，教师及时地拉一把，有利于帮助他们成长。对于学习上有困难的学生，要耐心公正地对待他们，因为这部分学生容易产生自卑心理，教师给予指导能增强他们的信心。

3. 手勤

手勤即勤动手，学生遇到问题感到无助时，做一个安抚的动作（拍拍学生的肩膀等）；学生流泪时，递一张纸巾，并不需要说什么。也许就是一个不经意的动作可能会有意外的收获，因为我们面对的是有血有肉的、情感丰富的学生。刚开学时，初一班上的部分学生打扫卫生时拿拖把经常是一只手，每当看到他们拖地不干净时，我就自己拿起拖把在学生面前拖起来。在这样的示范下，学生打扫卫生时的不良习惯改善了很多。

4. 口勤

口勤就是看到问题要及时提出来，及时疏导，及时解决。如果只是个别学生的问题，我会单独交流，及时谈心，不拖，不怕麻烦。

七、做好联系班级和任课教师的纽带

一个班级班风、学风的好坏，学习成绩能否提高，与有没有一个团结而乐于奉献的科任教师队伍是密切相关的。

1. 注重调节好各科教师间的关系，维护教师集体的团结

（1）为班级制定必要的规划和目标，使每一位科任教师产生归属感，真正把自己当成班级的一员，而不仅仅是几节课。只有这样，科任教师才能立足于班级发展的整体，而不是只盯着本学科。

（2）有效地协调科任教师之间的矛盾。一般来说，科任教师之间，主要是学习时间的分配和作业的布置问题。对于时间的分配，我们在课间交流的时候充分讨论，尽可能地统一意见，拿出具体的方案，使各学科的时间安排都有章可循。至于各学科作业的问题，我的做法是由学习委员负责记录每天每个学科

的作业情况，并汇报给科任教师，以便及时调整作业量。

2. 积极主动地去协调科任教师与学生的关系

由于科任教师与学生交往多在课堂，使得师生情感联系比较单一。所以，我从培养感情这个角度出发，从相互理解、相互尊重两个方面，协调师生关系。

（1）利用一切机会，及时地、主动地、经常性地与科任教师交流本班情况，了解学生上课的表现及学习情况，认真听取科任教师的建议、意见。对各学科的科代表也要进行培训，让所有的科代表清楚，他们的任务不仅仅是收、交作业那么简单，而是要充当班级与科任教师之间的桥梁，要积极主动地与科任教师联系，在反馈同学的意见的同时，也要做好同学的工作。

（2）在学生中间树立和维护科任教师的威信。我喜欢通过班会的形式充分介绍科任教师的优点及对学生的期望，努力创造一个良好的学习氛围，尊重、信任和支持我们的科任教师，要求学生认真听讲，配合科任教师共同完成教学任务。

（3）当出现问题时，想尽办法妥善处理学生与科任教师的矛盾。既维护科任教师的威信，也让学生心服口服，不产生怨恨与隔膜。如果学生犯了错误，我也不会对学生过分批评，先是冷处理一小段时间，再找出学生的一些优点进行表扬，说说其他教师对他的看法及评价，尤其是与他发生矛盾的教师以前对他肯定的评价，然后再让他找找自己的错误，这样学生不但会认识到自己的错误，而且会积极改正它，更好地配合老师工作。

此外，感情的沟通也很重要，我喜欢利用各种机会，增进学生与科任教师之间的感情。我们之间时常保持交流，发现学生的点滴，总结一周近况，一起实施班级管理。组织开展一系列的活动，各位科任教师都非常支持，给予谅解。

八、做学生和家长的朋友

一个班级是由学生、教师、家长三部分组成，是三位一体的。应该将家长视作教育对象和教育资源的重要组成部分。提高家长的教育素养，并适时利用教育资源。例如，在家长会上，拿出大部分时间让家长做经验介绍，之后，我对其中好的做法给予肯定，并建议其他家长试试；或者鼓励家长提出自己的困感，大家一起讨论。这种沟通对学生的教育非常有利。再如，请一些教育心得比较丰富的家长到班上作报告，之后，学生自由提问，家长解答。在和谐的氛围中，达到目的。

我和其他班主任老师一样，喜欢与学生交流和谈心。也主张现在多管一点今后就会少管一点，我们现在制定必要的班规对学生今后的成长很有好处。针对学生实际，我给予他们耐心、细致的帮助，帮助他们解除烦恼，希望他们把精力用在学习上。我通过身教和言教对他们进行全方位的教育，让他们真正看清我们老师的人格和魅力，让他们真正感到我们为他们的付出，让他们真正感到做了错事会对不起他们的老师。我经常还与学生家长联系，就是要让家长们知道，我们对他们的子女是真的很关心，是真的很用心，是真的为他们的子女操碎了心，我们老师尽了自己最大的努力。但这些话不是要我们直接对家长说出来，而是要用实际行动真诚地表现出来，让那些家长自觉地配合我们工作，支持我们工作。

九、让学生写日记

在担任班主任工作的实践中我深深体会到：要想把一个班集体带好，并且使每个学生全面发展，必须做到"知己知彼"，也就是要了解每个学生的心声，知道他们每天都在想什么，在学习和生活中遇到哪些困难。让学生们用日记的形式告诉我，我能及时给予帮助解惑。这样，整个班集体的情况就能了如指掌，就不会盲目，了解越深，才能对"症"下药采取越有效的措施，才能因材施教，做到百战百胜，不丢掉任何一个学生。

每天的日记我都以最快的速度看完，做好解决一切问题的思想准备。通过这样的形式，我觉得我和学生之间的距离拉近了，这不仅促进了我的教学，还帮我找出了教学中的不足，并且使我更加认识到班主任是学生健康成长的引路人，是沟通学校、家庭和社会的桥梁。

在这九年里，我为他们怒过，为他们笑过，为他们叹息过，更为他们喝彩过，因为有了他们，我的人生也丰富起来，他们就像是我的孩子，我愿意为他们付出一个老师、一个母亲应当且能够付出的！

总之一句话，当一个班主任不容易，当一个优秀的班主任更不容易。当好一个班主任我认为必须要尽心、尽责、尽力、尽爱。在今后的工作中仍然需要不断地吸取教训、总结经验，多向其他班主任请教交流，学习一些行之有效的做法，努力做到：自己工作尽心，家长对我放心，科任教师有信心，学生能够安心。

最好的我们

兰州市第八十一中学　吴　倩

> 时间如梭，三年如水，我们如帆，将要远航。犹记得三年前，初入八十一学堂，我们稚嫩如芽，犹记得初见你们时，温暖充斥着我们心头。熟悉的拐角，难忘的讲台，我们永远是八十一的学子。可爱的老师们，请收下我们对您的祝福吧！
>
> ——2018届毕业生

愿你归来仍是少年

走在一起是缘分，一起走着是幸福。

2015年他们入校时，正是我参加工作的第十个年头；2018年他们毕业时，又是我的本命年。冥冥之中，注定我们会相遇、相知。记得我感冒生病、发烧咳嗽时的那一碗银耳雪梨汤，七年级的你还不会烧菜做饭，却用了整整一个中午熬制这碗"良药"，只为帮我缓解身体的不适。记得朗诵比赛中，他们用那一句句字正腔圆、掷地有声的《少年中国说》，表达着少年的决心和力量。记得运动会赛场上，他在长跑中一次次摔倒，但一次次冲回赛道；她在接力中不顾膝盖的伤口，为我们拿下了第一名；他在跳绳时"小宇宙"瞬间爆发，小小的身体，大大的能量。记得艺术节时，36个人齐心协力，没有落拍，没有出错，充分展现了我们的能力和风采。记得五人制足球赛中，在不占任何优势的情况下，你们咬紧牙关，通过点球赢得了胜利。记得我们一起庆祝生日，记得我们一起做美味的沙拉，记得我们一起种植的小花，记得我们一起包冬至的饺子，记得……三年，每一个瞬间在我眼前滑过，也曾被气得跳脚，也曾感动得落泪。也曾如母，苦口婆心地讲道理；也曾如友，推心置腹地谈问题。直至今日，毕业在即，我还是一如往常地坚信：你们是热情、善良、纯真的五班！

成长的不只是年龄，更是心智；记载的不只是文字，更是生活；纯美的绝非只有童年，更有少年。加油，无论何时，愿你归来仍是少年，致你们，致自己！

之所以做这个画册，就是想在脑海中保留些你们初入中学时的记忆和感觉，哪怕是星星点点的碎片，至少也不让那段回忆成为空白，而没有填补的那些空缺却成为生命中的遗憾。

三年下来，我们一直坚持进步，大家能时刻铭记班级公约和集体荣誉，有人说：没有了鲜花和掌声，我们依旧笑得灿烂！

接下来的日子，我们会"各奔东西"，虽然，前行的道路并非一帆风顺，但我会永远当你们的"啦啦队"，为你们鼓掌。此时此刻，这首歌在我脑海中不断闪现，从我心里唱出来：

谁在最需要的时候轻轻拍着我肩膀，谁在最快乐的时候愿意和我分享，日子那么长，我在你身旁，见证你成长让我感到充满力量。谁能忘记过去一路走来陪你受的伤，谁能预料未来茫茫漫长你在何方，笑容在脸上，和你一样，大声唱，为自己鼓掌。我和你一样，一样的坚强，一样的全力以赴追逐我的梦想，哪怕会受伤，哪怕有风浪，风雨之后才会有迷人芬芳；我和你一样，一样的善良，一样为需要的人打造一个天堂，歌声是翅膀，唱出了希望，所有的付出只因爱的力量；我们都一样，一样的坚强，一样的青春焕发金黄色的光芒，哪怕会受伤，哪怕有风浪，风雨之后才会有彩色阳光。我在你身旁，见证你成长，永远为你鼓掌！

最后，借此机会感谢在画册完成过程中，给予我大力支持的郭浩老师和五班的五十位同学，你们终于一个都不少的毕业啦！谢谢你们送给我的这份美好的回忆和珍贵的礼物。

学生的留言：

三年前初来乍到，起初感到陌生，而如今是如此留恋三年前第一次遇见的你们，我感到了幸运，而如今对你们充满了不舍。

时间如雨，一个瞬间淋湿了三个四季，仿佛一切都在原地，谈笑间却多了分离，这一天还是降临了，我们要各奔东西，那么最后一餐要一起吃吗？伤感的话不用说，秋愁的泪不用流，请往前走。在绕不完的操场中，也会有人走过你我的印记呀！如果世界真那么大，我们就从这里出发。而那几个拼命复习的考试周，也成为往后的珍藏啦！岁月催促人长大，匆忙的脚步早已停不下，还没说完的话就算了吧，总有些遗憾要学会放下。前路不需太重的行囊，和过去和解吧！希望我们会像不变的时光般一如既往，哪怕我们会分散。

愿你们合上笔盖的刹那，有着侠客收剑入鞘的骄傲。

——贞妮

当我满怀期待地进八十一中，我是无比高兴。起初面对这个地方，面对初遇的你们是如此陌生，而如今是无比留恋，像我们约定好的。三年期限已到，终于还是到了分别的日子，三年的朝夕相处，最终也只是一场戏，五张卷子为我们的三年画上句号。人们说，生命中遇到的人都是贵人，在这三年中，遇到你们我觉得很幸运，虽只有三年，虽为师生，但如同亲人，一日师生百日恩，愿我生命中的大英雄们，一切安好，五班，一直在！

——聪慧

四季终究不会为谁停留，春风的柔和代替了夏日的繁盛。三年，五班。夏日炎炎，我们的汗水与泪水掺杂在一起，望所有人不负众望，拼命挣扎，也一定要看看梦想的模样。老刘的小小刘们，要努力，不计较付出与结果！汗与泪成就梦想，滋养欲望的种子！

五班，加油！

——杏娃

我们说毕业遥遥无期，却转眼就各自踏上不同的征途。这个夏天，有我们的汗水、回忆和绚烂的笑脸，"长安陌上无穷树，唯有垂杨绾别离"。我们在风雨尽头离别，在晨光初始相聚，相信，这一路上大家披荆斩棘，总会收获理想。因志所向，一往无前，愈挫愈勇，再接再厉，欣喜相遇，感谢相伴。

——兰花

鲜花在路旁，我们在路上

——写在2015年中考后

中国科学院兰州分院中学　杨根平

不得不感叹，时光匆匆……

又是三年中学历程，似水流年中除了平添几缕皱纹和丝丝白发外，满脑子充溢的全是丝丝缕缕的关于生命的记忆，或欢歌或泪水，或阳光或风雨，或奋起或彷徨，点点滴滴缀成了我人生的珍珠……

一、爱先行

没有爱就没有教育。

这几乎是一个老生常谈、近于废话的观点，但要真正实践起来，让每个学生尤其是那些所谓的"差生"体会到教师之爱并非易事，在这个全社会对分数狂热膜拜的时代里更是如此。

在以分数论英雄的大环境中，我们忽略了太多不该忽略的东西。挫败感本已使"差生"苦不堪言，"遭白眼"又给他们的伤口撒盐。而"标签效应"告诉我们：当一个人被贴上某种标签时，他就会做出自我印象管理，使自己的行为与所贴标签的内容一致，而也正是"差生"被称作"差生"之后越来越差的原因。

毋庸讳言，任何一所学校都有"差生"，并且"差生"被边缘化似乎成了一种普遍趋势。有给"差生"戴"绿领巾"者，有将"差生"驱赶到教室最后一排者，有为"差生"单独编排特座者，等等。因为"差生"普遍被当成了"累赘"，所以，当我们看到一些优秀教师偏爱"差生"的时候，我们会感到格外钦佩——原来一个真正优秀的教师，的确是"经师"和"人师"的统一。

没有人不喜欢这样的句子——"爱出者爱返，福往者福来"。怀揣一颗赤子之心，爱生如子，用质朴之心成就真教育。但是，如果"差生"今天受到的只有歧视与侮辱，那么明天他奉还给社会的除了冷酷与怨恨，还能有什么呢？所以，育才不如育人。人才人才，核心是人，如果不成人，成才也是一场噩梦。华东师范大学戚业国教授认为：我们未来生活质量的高低，取决于今天班里的那些"差生"。真的是振聋发聩啊！

二、趣当头

兴趣是最好的老师。

我想没有人不喜欢得到学生的拥戴，甚至希望坐拥无数粉丝。古有"桃李不言，下自成蹊"的称颂，今天我们做教师的也该拥有芬芳无数。还记得《百家讲坛》风靡一时的场面吗？它向世人昭示——做教师的原来也可以星光闪耀！对我们而言，除了具有渊博的知识、高尚的人格外，如何寓教于乐，让学生感兴趣就显得尤为重要，其实也只有这样才能达到"亲其师，信其道；尊其师，奉其教；敬其师，效其行"的美好境界。试想一下，我们的课堂如果达到了或者接近于《百家讲坛》的水准，还有多少学生会对这一学科产生反感？还有多少学生会对我们的教师横加挑剔？

有毕业学生在给我的来信中这样写道："根哥，因为爱上你的课，不知不觉中竟然爱上了语文，甚至爱上了语文老师，这简直有些不可思议……但不可否认的是，您的课堂已然成为我求学生涯中最珍贵的记忆之一……"是啊，当学生亲切地高呼"根哥，我们爱你"的时候，我就想：在孩子们最美好的时光，在孩子们最该欢乐的年月里，为什么我们就不能和他们共欢乐呢？干吗要那么严肃呆板，成年累月把自己和学生的关系闹得那么别扭生分啊？其实我们完全有理由也有信心告诉世界，只要对学生、课堂、教材、人生等有足够的兴趣，我们就能做到"课课新""日日新""年年新"，看着孩子们一天天长身体、长知识、长才干，每天都有新收获，每天都有新期待，这样的人生也一定趣味无穷。

三、宽严济

天地之间有杆秤，那秤砣是老百姓。

做教师的心中更应该有一杆秤，尽可能将一碗水端平。无论是谁，只要受了惩罚或获得了奖励，就应当一视同仁，绝不能因教师个人的喜好、学生成绩的好坏、家庭的贫富等而有所不同，尺度要尽可能一致。教师在学生心目中具有重要位置，教师无意间的一句话，不经意的一个举动，可能造就一个天才，也可能毁灭一个天才。众人的眼睛在审视着你，无论你做了什么，都会被众人的眼睛看到，或清或浊，孰是孰非，自有公论！

每个学生都是独特的个体，有着与众不同的精气神，好老师一定能平等地对待每一个学生，尊重学生的个性，理解学生的情感，包容学生的缺点和不足，善于发现每一个学生的长处和闪光点，让所有学生都成长为有用之才。我们做教师的最大的爱心莫过于宽容学生的错误，做学生精神上的导师；最大的责任不是惩罚学生的错误，而是帮助学生预防其再次犯错误。要知道教室就是让学生犯错误的地方，何况这个年龄段往往是最容易出现问题的时候，而我们教师的一言一行，往往会成为学生的一面镜子，看我们是否成了学生心目中为人处世"人生标杆"式的人物，是否成了学生心目中有人格魅力的灵魂导师，在他们最困惑、彷徨的时候点亮了一盏灯。教师必须率先垂范、以身作则，引导和帮助学生把握好人生方向，特别是引导和帮助青少年学生扣好人生的第一粒扣子。

中学不贩卖成功学，不兜售营销学，不传播厚黑学。中学三年，成功的教育不只是让学生考进名校，更在于教会学生懂规则、守规则、用规则，慢慢地变成一个知书达理、诚信善良之人，让我们的男孩子从此更具有绅士风度，女孩子更富于淑女气质。虽然，我们没法选择学生，但我们完全可以选择爱他们和更爱他们。学生是看着我们的背影长大的，做老师的宽严有度，脚下就会有平坦的路。

四、细有恒

贵有恒，何必三更眠五更起；
最无益，只怕一日曝十日寒。

人与人之间，最小的差别是智商，最大的差别是坚持。教师是一个良心活、仔细活，更是一个恒心活。没有恒心之人是当不了好老师的。

天下难事，必作于易；天下大事，必作于细。我们的教学生涯就是和无数的生活琐事以及万千的生命个体打交道。对我们教师而言，从学生入学的第一天起，我们的生命中就从此永远有了个你——学生的一颦一笑、一举一动、情绪波动、家庭教育、考试学习、志愿填报，甚至吃喝拉撒等都会时刻牵动着我们的心。好老师应该把自己的温暖和情感倾注到每一个学生身上，用细心让每一个学生感受到被关爱，用欣赏增强学生的信心，用信任树立学生的自尊，让每一个学生都健康成长，让每一个学生都慢慢享受成功的喜悦。

当教师十年来，每逢中考，雷打不动的是我一定会提前奔波在兰州市的各大高中学校门口，目送或者拥抱我的学生一个个走进考场。虽然我的意外到来并没有给学生带来多么巨大的变化，但站在校门口的我，此时绝对是一道最温暖、最感人的风景。

我相信时间会让深的东西更深，让浅的东西更浅。我们的一言一行要能经得起时间的考验，毕竟路遥知马力，日久见人心，孩子们都是会长大的。

人生最大的遗憾，莫过于错误地坚持和轻易地放弃。十多年来，一本本厚厚的学生日记和学生优秀习作集使我在教学生涯中忙碌着、充实着、进步着、幸福着、快乐着……

结束语：

智者说："源头之石，改变了河流的走向。"

愿那幸运地做了"源头之石"的人意识到自己存在的特殊意义，意识到自己对于河流的意义，意识到河流对于大海的意义。

亲爱的朋友们，没有人能够永远年轻，但永远有人正年轻着。为了无数家庭的福祉，更为了祖国的明天，我们都要在这小小的时代中，大大地努力着。

慢，慢，来……

兰州市第七十一中学　吴　琼

转车的时间比较宽裕，出了火车站，我想借机填饱肚子，出站的时候，脑海里就在搜寻周边可以填充肚子的地方。转眼一想，车站周边的饭食，大多是一锤子的买卖，很少有从各个方面拉回头客的思路。其实，这就跟教育同理，急不得，需要慢慢来，不能只顾眼前，只有放得长线，才能钓得大鱼归。一旦一味追求眼前所得，一切终将变味。

班主任做久了，越发觉得学生是可爱的，越发觉得我当初的认知是正确的：人是最好管理的，因为他有思想；人是最不好管理的，因为他有思想。

跟海涛的故事是这样开场的：大清早，我刚到办公室，手机铃声《余情未了》穿透月色，飘洒而来。原来，海涛母亲询问儿子是否已经到校。正常的话，家长不会轻易过问孩子是否到校，而眼前的情况，肯定不正常。果不其然，海涛前一天晚上被他爸爸揍了一顿，扬言不来上学了。做父母的也是轻不得重不得，恨铁不成钢的时候，实在忍不住，就会动手，简单粗暴也的确挺解气的，可是，一旦静下来想想，后悔肯定是有的，不然海涛妈妈不会如此焦急地打来电话。放下电话，眼前浮现出一头浓发、身体高大、有点腼腆的海涛模样。甚至在头脑中模拟了一遍人高马大的海涛被他爸爸用笤帚把甩抽的情景。

跟海涛交流时，他说自己真的想放弃学习了，他觉得自己再怎么努力，都学不好，甚至学习成绩还不如身边看似不怎么努力的同学，更别说成绩能排到班级前几名。有同学也对他冷嘲热讽，再这样学习下去，就傻了，就疯了。他坦言，自己就是爱玩手机，爱玩游戏。回到家里几乎不看书，不写作业，背着父母玩游戏，甚至自己已经偷偷买了三部手机了，两部被他爸爸发现后砸掉了。昨晚的事情也是由手机引起的，当父亲询问作业情况时发现了他的手机，立即要没收时，海涛急了，第一次顶撞父亲，还扬言不上学了。也由此而招致了一顿疯狂的"笤帚把"。

我给海涛从当前形势出发分析了手机游戏的利弊，也引导他站在父母的角度想想，如果十几年二十年后，我们面对一个玩手机游戏而不学习、假期打工买手机、上课不听课睡觉、回家不写作业悄悄玩手机、父母询问后出言顶撞的孩子时会怎么解决这个问题，怎样收拾这种局面。

你说你已经很努力了，你见过"西海固"的干旱和贫困吗？见过会宁的高考吗？海涛虽然老家在西和，也是精准扶贫的对象，关键是从小跟着父母到这儿生活，老家对他来说，印象并不深刻。我打开我的电脑，让海涛翻阅我以前给学生分享过的《会宁高考》的课件和记述会宁高考的《门》的纪录片，我什么也没再说。看着西海固的贫困和干旱，看着会宁考生的吃苦，再看看那些父母的满脸沧桑，再对比自己，一目了然，我只是递给他纸巾而已。

我们商定，不着急，慢慢来，但一定要坚持做到，早中晚必须识记政治、历史、地理，背诵语文，记单词和英语作文。积少成多，一步一步踩实了往前走，往上走。只管低头走路，不用抬头看天。

我也知道人是很难通过一次两次这样的行为教育就能改变的，但我相信，一点一点慢慢来，我们终会接近甚至达到理想的状态。

在兰州有名的老字号吃完午饭，慢慢回到车站，在教育的故事中，继续：

慢，慢，来……

我的校园尴尬了谁

中国科学院兰州分院中学　杨根平

去年，校园暴力新闻充斥各路媒体，人们不得不惊呼：今天的校园也并非象牙塔，并非是一片净土，并非是充满欢笑的乐园。

其实，在我的记忆中，校园本应该是一方圣洁的土地，这里理应百花齐放、百家争鸣、千帆竞发、百舸争流、书声琅琅、桃李芬芳……一派春和景明、万象更新的灿烂光景。然而频繁的校园暴力事件让我的心情很糟糕，作为一名一线的教育者我不得不深思，是今天的教育出问题了吗？还是学校和教师怎么了？或者是我们的学生怎么了？至少是在某些方面是有"病"了，而且还病得不轻。

近代教育家蔡元培先生曾就大学发表过这样的言论："大学者，研究高深学问者也。"他要求学生要"抱定宗旨""为求学而来"；要"敬爱师长""砥砺德行"，养成健全人格。的确，作为一所学校，教书育人是根本任务，我以为其中"砥砺德行"更应该成为学校的灵魂。无论人性善恶的争辩如何激烈，塑造美好心灵、重铸高尚灵魂都理应成为每个时代、每个社会矢志不渝的追求。对人的关心和怎样塑造人、塑造什么样的人始终应该成为教育者的首要追求。蔡元培先生认为："凡一种社会，必先有良好的小部分，然后能集成良好的大团体。所以要有良好社会，必先有良好的个人；要有良好的个人，就要先有良好的教育。"而从良好的教育到培养出良好的个人乃至建设成良好的社会非一日之功，需要长期的努力，所以他还说："教育者，非为已往，非为现在，而志为将来。"

孔子说："未知生，焉知死。"的确，当所有人的目光都集中到教育上的时候，我很想放下手中的教鞭，在教育的麦田里做一个善良的守望者，非为已往；在良心的森林里做一个虔诚的祈祷者，非为现在；在文字的海洋中做一个痴心的忏悔者，志为将来。

或许，今天的我们不能奢望有一个万圣师表式的圣人或者全能的上帝来拯救我们的教育，但是为人师表者，必有其令人尊敬或崇拜的地方，尤其在德行修养上。古书云："子不孝，父之过。"当然这未免有些绝对。教育界也不乏这样的例子，我们除了承认个体差异性之外，轰轰烈烈的素质教育并没有使有些学生明确（当然笔者没有丝毫针对素质教育的意思）：什么是真，什么是善，什么是美。哪些事儿该做，哪些事儿不该做，该敬畏些什么，该追求些什么……所以，我们身边的一些教育者尽管费了九牛二虎之力，结果却是牛唇对不上马嘴，陷入南辕北辙的尴尬境地。

又或许，当不少家长发现钱赚了不少幸福感却并没有多大提升的时候，他们又纷纷将灼灼目光投向了学校和老师，希望通过他们实现望子成龙、望女成凤、光宗耀祖的夙愿，真可谓用心良苦啊！而此时此刻的孩子往往成了他们全部的精神寄托，被抬举到近乎神灵的地步，而这样异化的结果是自家的孩子成了非神非人的怪物，家长不会管，老师不敢管，社会还没空管，最终留给世界的只能是无法无天的孩子。家长和老师往往拜神神不灵，求人人不应，画虎不成反类犬，这样的现实是多么令人尴尬啊！

无可非议的是，作为决策者的教育部门的出发点是好的。可是这种近乎口号式的教育宣传往往导致人们信仰的真空和操作的盲目。试想一下，在对什么都无所谓的虚无世界中，人们对未来还有多大的热望和信心呢？他们的精神家园只有恐惧和忧虑，而繁忙的工作和紧张的生活压力促使他们除了拼命赚钱以颐养天年之外，并没有任何其他优越感。而他们越是这样，孩子就越不理解，越不听父母的话，越不像父母期待的那样，时间久了，他们（孩子）的心中也只有空虚，原本踏踏实实的心也跟着父母悬起来。

然而，孩子毕竟是幼小的，幼小意味着无知、意味着鲁莽。可就是这样残酷的现实导致了他们厌学情绪和学习无用心理的产生，这似乎很正常却又出乎人们的意料，正如戏剧表演中的"双簧"，和谐的表演是两者共同努力的结果，教育上更要如此。遗憾的是，眼下急功近利思想和浮躁之风盛行，很少有人愿意在这样一个瞬息万变的时代里稳坐书房,心平气和,两耳不闻窗外事,一心只读圣贤书了。所以,很多时候我们的教育很难让处在夹缝中的学生在修身、齐家的同时,胸怀治国、平天下的大略。或许,这也是当前校园之怪现象迭起不休的原因吧。

切记,教育须抱定宗旨,只为求学而来;教育须敬爱师长,探究精深学问;教育须砥砺德行,养成健全人格。

带着微笑进课堂

兰州市第二十二中学　程　露

有人说,教师的脸是学生的另一本"书",他们敏感地从这本"活书"上读到许许多多无须用语言文字表达的东西,而教师的微笑则是这本"活书"里最重要的内容。苏联教育家苏霍姆林斯基认为:心理意义上的教育是"人和人心灵最微妙的相互接触。"据教育心理学测试,最温暖、最亲切的笑是教师的微笑,它是师生之间感情关系的纽带。笑中暗含着热切的期待,期待信息传递给学生,引起师生之间心与心的呼应、情感的沟通。学生愉快地敞开心扉,愿意接受教师的指导。微笑具有神奇的教育功能,它不仅可以有效地调节课堂气氛,提高学生的学习兴趣,而且还能征服学生的心灵,使每个学生都能健康成长、快乐学习,成为全面发展的高素质人才。一笑之下,亲切感、理解感、信任感、尊重感、期待感应运而生,教育效率大幅度上升。因此,微笑应该成为教师的职业表情、职业情感手段和职业教育力量,成为教师职业心理素质修养的内容。

美国著名心理学家罗杰斯认为:"成功的教学依赖于一种真诚的理解和信任的师生关系,依赖于一种和谐的课堂气氛。"因学生的学龄特征,他们总爱和同龄的孩子结交、嬉戏,而教师和学生们的年龄差距相对较大,大多时候没有共同语言,甚至多数学生心里认为老师是大人,有些高深莫测,因而刻意去疏远老师。因此,教师要了解学生的内心感受和需求,在微笑中带动学生更好地完成教学任务,达到春风化雨的极效。

今年三月份,我被派往永登县进行支教,接手了初三年级两个班的英语教学工作,这对我来说压力不小,因为对新环境还来不及适应,就要面对毕业班的学生，任务相当艰巨。于是我先对两个班学生的情况做了详细的了解。通过一番调查我了解到，当时这两个班的成绩一个班相对好些，上班族的子弟多一些，家庭条件好一些，并且聪明的孩子相对多一些。另一个班学生，农民工子弟多一些，家庭条件、家庭辅导差一些，聪明的孩子也相对少许多。

我讲课时喜欢学生们保持良好的课堂纪律，可是这个相对好一点的班级的课堂纪律我怎么都整治不过来。非常头疼。每每进这个教室，我从没有发现哪节课前学生准备好学具，在静静地等待老师的到来，而总是一片嘈杂声。上课时很多学生爱随意讲话，或搞小动作，或开小差，导致我每节课都不能很好地完成教学任务。原本爱笑的我却怎么也笑不起来。刚开始，我还信心十足，以为凭借我循循善诱的教学方式，兢兢业业的工作作风和风趣诙谐的谈吐，能够转变他们的学习态度，提高他们的成绩。可几个星期过去了，情况并没有多大改变。而相对差的班级，学生虽然基础差点，但是我发现他们很守纪律，大多数孩子有一种团队意识，有种想赶上或超过其他班的劲头。我还发现每当其他班获得了纪律或卫生等流动红旗，他们都会情不自禁地齐喊："yeah"。没有人组织，没有人阻止，更没有人去嘲笑这是低年级学生的活动。在这个班里，我上课很轻松，不用特意维持课堂纪律。我会面带微笑，讲解、讨论、演示，我会给予他们更多的鼓励和表扬。每次我还发现，如果讲解简单一点的新知识，他们班的效果都还不错，要是讲解一些比较难点的语法，对他们而言难度确实大了些。从他们的总体上看，聪明的孩子确实少了一点，但是根据一次次的检测，我发现差一点的班成绩在不断上升，而好一点的班的成绩却有所下降。

直到兰州市"一诊"成绩出来后，差些的班和好点的班的英语成绩几乎不相上下。此时我震惊了，我一直以为对学生只要口头上多表扬，笔头上多鼓励，便能树立他们的自信心，激发他们的学习热情，然而事实证明我错了，我陷入了深思：在好班，我少有微笑，经常批评与责怪。这时我才恍然大悟，微笑是人类最美丽、最友善的语言。从那之后，不管进哪个班我都用微笑去唤醒学生们沉寂的心灵。每天一定要满面春风地走进教室，用最亲切的眼神面对学生。最终，两个班在兰州市中考中取得了令学校、家长都满意的好成绩，我更加坚信，正是因为我的眼神中流动着鼓励和肯定，像一股股暖流温暖着学生，特别是学困生自卑和沮丧的心,他们就是从我的眼神中得到了前进的信心和力量,一步一步地前行。

微笑,有益于建立新型和谐的师生关系,拉近师生间的距离。作为教师就要善于微笑,发自内心地对学生微笑,用微笑去鼓励每一个学生,用微笑包容每一个学生,让学生从心里消除抵触情绪,乐于接近、信任老师,乃至因喜欢这位老师而喜欢上该课程的学习,尤其在学生举手表现自己时,教师尤其不该吝啬微笑,这样亦会于无形中缩短师生间的距离,使教师更好地与学生交流。

"微笑"确乎有种神奇的魔力,它能够激发、鼓励学生积极探索的精神,让不敢于挑战自我的孩子克服恐惧成功战胜自己……的确,教师的微笑似冬日里的一束阳光,似干涸土里的一滴水,愿我们把阳光水滴送到每一位学生的心田,帮助他们摆脱困扰,带去机会,让他们时刻感受到老师的温暖、鼓励和爱;我想,只要我们有一个满浸着爱的灵魂,我们就能给学生最美的眼神,这样的人,才会生长出最人性的枝蔓,才会漫溢出爱的芳香。

常言道,微笑如一缕春风,可以给人带来温暖和生机。为人师者大概都会有这样的亲身体验:如果哪天心情特别好,那一天一定会在课堂上把好的情绪感染给学生,学生的学习效率也特别高;相反如果教师的情绪低落,学生的上课状态也会受影响,学习效果也不理想。因此,上课时我总是努力把微笑挂在脸上,尊重学生,平等对待学生,营造宽松和谐的学习氛围。所以我记住,一定要带着微笑进教室!愿我们每个园丁都绽放最美丽的笑容,滋润祖国最灿烂的花朵!

做孩子们的好朋友、知心人

兰州市第八十一中学　孙　鹏

教师是学生学习的合作者、引导者、参与者，教学过程是师生交往、共同发展的互动过程。

在学生对学科感兴趣的诸多原因中，情感交融的师生关系占第一位。《学记》说："亲其师，信其道。"由于学生对老师的深厚感情延伸到对该老师所授课业产生强烈的兴趣爱好，对知识更易理解，乐于好学，这是提高学习活动效率不可缺少的一环。因此，把握教师主角，建立融洽关系，真正成为学生的合作者、引导者、参与者十分重要。

多一点宽容，少一点苛求。教师的态度决定着良好师生关系能否建立，一个诙谐的批评、一个鼓励的目光都会渗入学生的心头，达到以情动情的效果。例如，罗森塔尔效应说明，在教师的关爱激励下，无论是好学生还是学困生，都会产生自尊、自信的心理，并以此作为参与学习的动力。师生之间的情感在宽容的交往中不断交融。教学中，教师应注意换位思考，正确把握教师的主角地位，对学生不过多责备，允许失败，鼓励异想天开，乐于理解学生的意见和推荐，尊重需要，提倡合作、鼓励探究、共同参与。

在一些公开课上，我们常常会听到这样的话：这个问题我们下课以后再讨论。或者是还有什么话下课以后再讲给老师听，好吗？但真正能珍视与学生课外交流的老师有多少呢？紧张的工作会迫使你权衡之下放弃与学生的课外交流。

每堂英语课下来，我总无法也不忍心立刻抽身离开教室，有时我是被讲台上待批的作业绊住的，有时我是为个别学生辅导留下的，而大多数状况则是被孩子们一句"老师，您等一等"给拽住了脚步。四十分钟的课堂满足不了四十几张嘴巴，一下课，他们会顾不得上厕所，利用课间继续发问，而我的耐心、宽容、赞许更助长了他们的"围追堵截"，我在重重包围之下乐滋滋地倾听着，享受师生之间这种平等、融洽、互尊互爱的融融情意。我为他们的一语惊人啧啧称奇，为胆怯者大胆的表白赞许，为他们学习、生活中的快乐与烦恼同忧同喜，这个时刻，孩子们独特的见解、富有个性的说辞绝不逊色于课上，尤其是那些课堂上不会抢风头的被忽视的群体会展露他们令人意想不到的一面。

在这群孩子中，范同学和金同学是最调皮的两个。范同学经常给我讲他听到的笑话，他家庭的故事，他的一些好朋友。金同学则时不时给我来一段脑筋急转弯考考我，如果我答不出来，她会为难住了老师而喜形于色。最让我感动的还是小雪同学，她英语成绩不太好，我并不因此轻视她，而是不断地鼓励她，让她对自己充满自信，她时不时会画一张画或者给我一个苹果、橘子。

课间十分钟对于我和学生来说实在太短，摆脱繁杂的事务，我期望有更多的时间来陪伴他们，做孩子们的好朋友、知心人。

一节安静的公开课

中国科学院兰州分院中学　马　杰

这是一节学生发言并不积极的公开课，这是一节老师在用心等待学生独立思维的公开课，这是一节下课结束时学生久久不愿离去的公开课。这节公开课算不上完美成功，但是它的课堂留白却让我深深思考。

十二月，有幸聆听兰州名师大讲堂心理健康教师张翔的一节《生涯规划》示范课，这节课，少了很多热闹的场面，少了很多繁杂的形式，课堂中更多的时间给予了学生，整节课显得略有些单薄和安静。每一个问题提出后，我都将充分的时间留给了学生讨论、思考，但刚开始并没有学生发言。冷清的场面，一下子，让整个课堂安静了。台下听课的教师们都开始着急窃窃私语，想法子缓解课堂中尴尬的氛围。但是张老师并没有着急地用语言去鼓励学生发言；也没有用物质奖励的方式去激励学生发言；更没有走到哪个学生身边直接点名让学生回答问题；他，只做了一件事——等待。紧接着，张老师将问题延伸到课堂的第二环节，继续开始他的课堂讲授引导，终于有一个学生小心翼翼地举起了手，学生站起来后，张老师，并没有急于让学生回答问题，而是问他，为什么站起来，然后才让他继续回答问题。学生说完落座，教室里再一次陷入安静，学生们低着头，不看老师，也不相互交流。张老师，再一次选择等待，将足够的时间留给学生在沉默中思考。课堂的第三环节就在这样静谧的沉默中展开，老师设问，学生讨论，直到这个环节才看到课堂中有几只主动举起来的小手。张老师，一个一个地走近他们身边，用略带磁性的声音不慌不忙地分析着他们对自己生涯规划的想法，将他们想要说的话，都一一表达出来。张老师的每一句话都仿佛在慢慢地敲击着他们的心门，逐步打开他们的心灵，呼唤着他们心底最想要表达的语言。课堂上低着头的学生少了,用双目注视着张老师的学生越来越多。可是一节课的时间始终是有限的,下课铃声响起,张老师用几句带有祝福的话语结束了这节课。但,课堂再一次沉默了,学生们低着头,静静坐在座位上久久不愿离去,没有一个学生站起来说要走。此时的沉默,让张老师意外,更让在座的听课教师们惊讶。

这节安静的公开课,留给学生足够的思考时间,回归自己内心最原始、最真实的想法。课堂不热闹,但却是一个师生共同享受分享真实情感的过程。师生之间传递信息的空间让我们真正体会到了心理健康课程的逻辑性和实用性。这节公开课的亮点不是教师多么精彩绝伦的语言表达;也不是学生多么真情的心声吐露;而是这种将课堂交还给学生进行独立思考的返璞归真。通过这次公开课,我认识到作为一名教师,不仅需要精心设计课堂,更需要将课堂还给学生,使它成为学生学习知识、展示自我的平台。

这次公开课结束后,我对自己的日常教学进行了认真的思考、反思和总结,发现自己有很多不足之处,更加明确了以后自己课堂中要努力改变的方向。一个老师不是把课上热闹了课堂效果就好,而是应该细化知识点,融进学生大脑,有效、高质量才是一节好课。

用爱温暖学生的心

兰州市第六十二中学　连　郁

众所周知，随着城市的快速发展，进城务工的农民越来越多。而留在家里干活的大多数是老年人。孩子与父母在一起的时间越来越少，家庭教育就缺少了实效性。这就给我们教师带来了新的问题和新的挑战。留守儿童的数量在增多，单亲家庭的学生也不少。对学生的教育，就需要我们教师倾注更多的爱。

班主任是一个班级的核心人物。班主任工作每天甚至每时每分都在开展。其核心内容就是德育工作，就我个人而言，班主任对学生的教育方法千变万化，但都离不开对学生的关爱这一法宝。我们知道，教师对每一个学生的爱就是"师爱"。师爱是每个教师必须具备的一种优良的道德品质，它可以使学生在逆境中得到安慰，克服困难，增强信心；在顺境中更加奋发，不骄不躁，永远向前。然而现实的教育不容乐观，一部分教师虽然也爱学生，但学生却从未真正感受到教师的爱。原因何在？首先，我认为每个学生都是有思想、有感情、有个性的活生生的人，需要我们的教师能做到细致地了解，尽管从表面上看，学生间差别似乎不大，但实际上，每个学生都有自己独特的与众不同的一面，都是一个独特的生命个体。因此，如果不了解学生就不可能有对学生真正的爱，教育与学生的感情要求就会背道而驰，更谈不上有的放矢、有所成效。其次，学生是我们教师工作的对象，是教师工作意义及人生价值的直接体现，对学生的关心和了解是做好教育工作的前提，对学生的同情和理解则是一种理智的爱，是建立良好师生关系的基石，是做好教育工作的关键所在。以下是我就班上的一名留守学生进行的调查分析。

一、学生情况

姓名：小白（化名）

性别：男

年龄：14岁

二、案例分析

作为班主任，接到某某同学犯错的报告是经常的事，刚开始接到有关小白如上课不守纪律、喜欢抄袭作业、不完成作业的报告，我并没有太大的重视，只是找他谈话，耐心地批评教育，他态度也不错，我认为问题应该不大了。但随后出现的情况却让我感到愕然。他居然上课公然玩玩具，甚至与科任老师发生冲突，对此，我也曾痛心地责骂过他，但始终不见其有真正悔改之意。为此，我曾反复思量，到底还管不管这孩子。管吧，他又不听我的，不管吧，又于心不忍。这样小的孩子不读书能干什么呢，以后他的人生将怎样？

于是，我通过观察、电话家访、交谈等各种方式接触到他的家人，我发现他身上的这些问题来自多方面。

1. 缺少家庭的关爱

小白同学的父母在外地打工，他和爷爷、哥哥住在一起，平日里缺少父母的关爱。从而，性格比较孤僻，遇事容易冲动。

2. 监护人监督不当

小白的父亲常年在外奔波，很少管理孩子，更别说督促孩子的学习和给予孩子关爱了。父子俩平时很少交流。在他们那个家庭里，他平时回家就是玩手机。随着年龄的增大，他们都无力监护，什么事只能依着孩子，导致他从小缺少教育，无拘无束，自以为是，高兴就学习，不高兴就尽情玩，成绩一直不稳定。

三、案例对策

1. 与其家长多联系、沟通，正确对待孩子

通过多次电话沟通，他们意识到孩子自身存在的问题及问题的严重性，他们意识到这个孩子很特殊，他需要父母更多的关爱。除了给孩子提供经济上的支持，更多的应该是与孩子加强心灵沟通，多给予孩子一点爱。

2. 用师爱感化他

作为班主任的我，此时必须代替父母给予孩子关爱，不正像冬日里的一团火吗？即使这孩子是一块坚冰，也一定能将其融化的。所以，在我打定主意后，便动之以情，晓之以理，敞开心扉与他聊天，嘘寒问暖，从学习、生活、兴趣等多方面着手帮助他。开始他还有些抵触，但次数多了，他也禁不住，跟我成了朋友。

3. 培养兴趣，增强信心

鉴于我们学校开展校本课程和兴趣小组，在征求小白意见后，我推荐他去参加机器人小组。这样，既可以减少他违纪的机会，又可以为他树立自信，加强与同学交流和合作。没想到，参加机器人小组以后，他一举拿下全国奖项，为班级和学校争得了荣誉。

4. 发挥班集体的力量

依靠班级的小助手，引导学生投入到班级的各项活动之中，使他感受到集体的温暖、参与的快乐、学习的乐趣、生活的充实，融入学生正常的生活中，慢慢学会合作与交流。

四、案例总结

通过采取以上方法，对小白的教育工作取得了较好的效果，逐渐让他融入班级集体中，他的行为习惯也好多了，学习态度也端正了，偶尔还会举手回答问题。是啊！古人云："人非圣贤，孰能无过？"故应宽以待人，容人之错，采用灵活、委婉的方法教育他、鼓励他，这样既保护了学生的自尊心，又促进了师生的情感交流。

通过以上的案例，我觉得，对留守儿童监护的"缺位"，对学生的成长影响巨大。对此，学校、教师、家长必须互相配合，多方面地齐抓共管，及时填补"缺位"，方能切实、有效地解决问题。

带着家长一起动

兰州市第六十二中学　连　郁

很多班级都存在这样一个问题：班级里一部分家长不太关心孩子的学业，认为只要在学校里能保障安全，不到处乱跑，不给自己添麻烦就行。可是，这样就会给班主任带来很多的不解之愁。那么，除了常规方法之外，怎样才能让这部分家长动起来呢？

一、生命在于运动，班级在于活动，带着家长一起活动

叶德元老师在某一年的儿童节前夕在班级家长群里搞了这样一个活动——"假如回到童年"，此消息一发出，就有很多家长参与了进来，讲述自己的童年梦想。是呀，谁都有过童年，谁都有在童年时未完成的心愿，由此，这个活动轰轰烈烈地搞了起来。叶德元老师把家长的童年愿望制成表格，让孩子们猜一猜哪一个是自己父母的童年愿望，并将结果发布在了家长群里，猜对的学生和家长好开心啊！而没有猜对的孩子和家长也有了别样的收获。

听闻这样一个与众不同的"六一儿童节"，我深刻地意识到自己还未充分地利用班级活动来调动家长的积极性。上周末，我给孩子们留了一个作业：和爸爸（妈妈）一起看《摔跤吧，爸爸！》。周一，我在阅读孩子们的周记时，有个孩子是这样写的："第一次和爸爸看电影，我居然兴奋得语无伦次！爸爸看完电影后，也居然生平第一次陪我去了书店，跟我说了好多好多话……"看到此处，我体会到了梁岗老师所说的"带着家长一起飞"的快乐！

二、召开像家庭聚会一样的家长会

家长会在大家的眼里基本都是"告状会""批斗会",不仅学生害怕开家长会,有时连家长也不愿意参加。的确,如果在家长会上只是一味地老调常弹,又有何意义呢,对班级管理会有帮助吗?答案显然是否定的。所以,我可以借鉴梁岗老师的做法,给每一个家庭发入场券,由学生自己设计入场券的样式,甚至孩子们可以对忙于事业无暇顾及孩子的家长说:"您关心我,就来参加吧!"改变传统的家长会模式,与科任教师、家长、孩子们一起观看孩子们自己制作的视频,一起分享在拓展基地的点点滴滴,一起为获得荣誉的孩子喝彩,一起畅谈我们大家的理想,开开心心地座谈,不露痕迹地和家长、孩子交流,我想这样谈笑风生的充满正能量的家长会,怎会有"逃兵"呢?

三、做孩子与家长之间的桥梁

稳定的亲子关系是稳定的教育关系的前提。上学期班里有个男生跟我说他不想念书了,才初一啊,这怎么可以?!我和他在QQ里聊,他说:"连妈,我真的不想念了,我就不明白了,我都这么大了,我妈为什么还是骂我,骂个不停!"这个男生学习态度不太端正,而那段时间确实有了很大的进步,课堂上发言积极,背课文也冲在最前面,这可是转变的关键时期啊。之后,我与他的妈妈联系后得知,前一天晚上妈妈在给他讲数学题时,他没听懂,妈妈急了,对着他就是一顿狠批。听到此,我告诉了她孩子在学校的转变,她很开心,于是我趁热跟她提建议:"××妈妈,您看,孩子有进步啊,多鼓励鼓励嘛!"又过了几天,这个男生在QQ里高兴地对我说:"妈妈最近总夸我,太不容易了,我一定要表现得棒棒的,让她高兴!"孩子与父母的关系融洽了,稳定了,那么,我们的教育关系也会稳定下来,循序渐进。

校园春风

中国科学院兰州分院中学　杨根平

春风十里，不如有你。

"青青的兰山下，有着我们温暖的家；滔滔的黄河浪，激励着我们坚强壮大……"耳边传来熟悉的旋律，我一路踏着春风，再次漫步到学校花坛中央的养正亭下。

斗转星移，流年暗中偷换。记不清来过这里多少次了，不大的校园，正到处弥漫着熟悉的丁香花味道，花园里各种姹紫嫣红的花儿大都争先恐后地绽放着自己娇艳的容颜，大大小小的蝴蝶和蜜蜂也都忍不住围着它们飞来飞去，嗡嗡地献着殷勤。坐在养正亭下，春风过处，那些温暖的记忆点点滴滴缀成人生的珍珠，闪烁在每一个花开花落的日子里，一经提起，十几年的校园生活就这样被凝望，那些人、那些事、那些情，如河流般汇集在这座亭子下，流淌在这一路如歌的岁月里。

多年前，我是怀着一颗怎样的心踏上讲台的？《秃鹰之死》这样一篇并不出名的说明文却成了我登上科学院中学这艘大船的通行证。讲课的细节悠远而模糊，课后那位个子并不高，戴着一副镶着金边眼镜的中年教师的话却至今记忆犹新，他说："小伙子有激情，胆子也大，很自信，还不错，若今后好好锻炼，相信一定会成为一个好老师的……"平凡朴实的话语如同一盏明灯，照亮我的教案，燃烧在我的课堂里，璀璨在学生的年华里。从此以后，无论是在课堂上还是爬格在文字中，我始终如一地奉"勤思多悟"为圭臬，铭记他"既要仰望星空，更要脚踏实地"的劝导，在这方宁静的土地上书写着美丽而又感人的篇章。

转眼十几年的光景如流水般逝去，已近不惑之年的我蓦然发现，王彦强校长当年在我心中埋下的这颗名为"教育"的种子，早已在我眼前这片园地中竞艳争妍，葳蕤茂盛。虽然他们有的像惊鸿一般短暂，有的如夏花般绚烂，有的如米苔花般微小，但每每念及他们，我总会想起王校长当年的情真意切，总会甘之如饴，幸福无比。

今日伫立在亭子里，养正亭仿佛一位慈眉善目的长者，捻须颔首微笑，静静地聆听着我的述说。

俄国诗人普希金说："心儿永远向往着未来，一切都是瞬息，一切都会过去，而那过去了的都会成为美好的回忆。"

"幽幽的丁香花，温馨绽放我们的家；琅琅的读书声陪伴我们快乐出发，让智慧的钥匙开启我们的创新想法，让人文的思想指引我们和未来对话……"熟悉而又亲切的声音再次响彻耳畔，春风习习，我信步走向了操场中央……

责任心

中国科学院兰州分院中学 马 杰

每个人对自己都有超乎本能的期望，但是真正能有一番大作为的人只占很小的一部分。每个人的能力不同，所做的事情也不同，相应承担的责任大小也就不同，但是责任心对做任何事情都是必需的。培养学生的责任心，对于教师而言，是日常教育教学工作里不可或缺的部分。正如叶圣陶先生所说，教育往简单点说就是养成良好的习惯。针对可塑性较强的中学生而言，责任心的培养也就是其做事情良好习惯的养成过程。

本学期开始，实行班级量化承包责任制度，每个同学都拥有一块自己的承包区域，以个人承包的方法来构建责任培养平台，以此来培养学生做事的责任心。原本以为班级中很多简单的班级事务，同学们应该都可以顺利完成、做到尽善尽美，但承包制度开始后就暴露了很多问题，如班上小刘同学负责班级抹布管理，主要是增添、清洗和晾晒抹布。但是很少见到小刘同学为管理抹布奔波，总是借口同学拿走未归还不加整理；同学正在使用无法统一清洗的抹布，晾晒就更不用说了，抹布一直蜷缩在柜子的角落里且多数已经产生异味。我想，这种状态必须改变，自习课找到小刘同学，与他沟通，从抹布管理工作谈及一个人做事所应该具备的责任心。谈话的最后，小刘同学当即立誓道：我一定会管理好班级里的每一块抹布，也一定会成为一个有责任心的人。之后的几周内，再去细心观察，小刘同学对于抹布管理的工作渐渐多了一分耐心、多了一分认真。他会主动追回那些被同学拿走未及时归还的抹布；也会将抹布晾晒干燥后将它们叠放得整整齐齐。见到小刘同学的良好转变，我借机在班会课的时候，对小刘同学的抹布管理工作进行了重点表扬；而后发现他对于班级抹布管理工作更是多了一份源于内心的热情。现在，班级里的每一块抹布都被小刘同学管理得井井有条。

从班级事务承包开始，开始逐渐培养学生的责任心，抹布管理工作看似不起眼，但对一个学生责任心的建立却会有着深刻影响，让他学着慢慢做好一件事情，培养一种行为习惯，也使学生学会对做任何一件事情都倾注心力，学着肩负起责任。

正确处理"早恋"问题

兰州市第六十二中学　连　郁

处在青春期的学生，特点就是叛逆性很强，而且会对异性同学产生好感，而这种好感在心理学上被叫作："罗密欧朱丽叶效应"，原本就没有什么。也就是说，初中生这种还很不成熟的感觉，是没有必要夸大化的。然而也许是我们有时在面对这种问题时太过于敏感，所以往往把简单的事情弄得很复杂。

2018年9月开学的第三周，进行了数学单元测验，让我很惊讶，原本成绩第一名的女孩子居然只考了48分！我默默地观察了一周，发现她在其他课堂上，上课不专心，也不认真完成作业，总感觉心不在焉的，问了半天也什么都不说。作为班主任，我心里比较着急。通过了解才知道，班上一个和她很聊得来的男生向她表白了。考虑了一下之后，我找女孩谈了谈。从女孩那些很不成熟的话语中，我发现：初中生的这种"早恋"说白了就是彼此之间能够谈得来。于是，我把他们的关系定为好朋友的类型。谈完之后，女孩如释重负地告诉我："我会帮助并督促他好好学习的。"之后，我找男孩单独谈话。他也很轻松地说出了自己的想法。最后我告诉他："**作为同班同学和关系很要好的朋友，你们应该互相帮助共同进步。眼看着，班上其他同学都在努力奋战会考，你是不是也应该做点什么了。回去自己想一想，是和朋友共同进步还是你自己独自退步？**"后来的一段时间，我了解到女孩督促男孩每天完成定量复习工作。而且男孩学习的状态也好了很多。

通过这件事，我想，作为一名班主任，我们不应该"闻早恋而色变"，反而，班主任应该正面引导学生分清喜欢和谈得来，让孩子们体会到"有了朋友的帮助，一切更美好"。

借我一个支点
——谈家庭教育

中国科学院兰州分院中学　杨根平

生活的真相是好戏永远在后头。

——题记

我常想，是什么让阿基米德宣布：给我一个支点，**我将撬动整个地球**。对父母而言，假如给他们一个支点，他们会不会让推动摇篮的手成为撬动地球的手？

一、生命至上

写下这段文字的时候，我的心依然在滴血。

毋庸讳言，近几年来经常听到媒体关于学生自杀或者杀人的报道，不忍置信，不敢再举例。往往只是一些在成人看来微不足道的小事，便足以让学生放弃了自己如花的生命或剥夺他人的生命，生命难道真的如此之轻吗？真的可以肆意践踏吗？除了分数，到底还有什么是压垮学生生命的最后一根稻草呢？作为父母，他们有没有在孩子出门之前告诉他们什么是真，什么是善，什么是美，哪些事儿该做，哪些事儿不该做，该追求些什么，又该敬畏些什么呢？作为父母，他们有没有告诉孩子满树桃花盛开，未必每朵都能结果。有些人，有些事，即使我们做到了飞蛾扑火般义无反顾，可能还是无能为力、无济于事，那就学会顺其自然吧！

试想一下，一个人如果对生命都没有起码的热爱和敬畏，在这个世界上，他（她）还会善待其他人和其他一切吗？如果学生出现这样或者那样的消极思想或表现出厌世的情绪时，作为教育者的家长和老师能否及时发现并运用相关的教育方法和教育智慧，或含蓄，或明白地提醒孩子：生活是这样的美好！作为教育者的父母在生命意识缺失的艰难处境下，更应该懂得珍惜并及时提醒。

切记，生命不是儿戏，孩子不是试验品。

教育，需从热爱生命开始。

二、敢于失败

"一个彻底诚实的人是从不面对选择的……就像你是一棵苹果树，你憧憬结橘子，但是你还是诚实地结出苹果一样。"诗人顾城如是说。

可眼下最让人悲哀的莫过于人们太羡慕别人的光鲜生活了，太想走他人走过的路，到达他人所在的地方，通俗地说就是太想出名了。没有人愿意接受失败，更没有人愿意经受挫折，生怕和厄运作斗争后继续做一个普通的人，本是苹果树，却总做着结橘子的梦。

殊不知古今中外历史上许多著名人物的优秀品格和辉煌成就，从某种意义上说就是由厄运挫折和个人的某些缺陷造就的，司马迁遭受腐刑写出了"史家之绝唱，无韵之离骚"的《史记》。北宋词人柳永，宋仁宗不喜欢他，几次考试不第，连做臣子的资格也拿不到，只好"且去填词"，做了一介"草民"。但是令世人想不到的是，在歌楼伎馆、勾栏瓦肆里他却意外成为一代词王，"凡是井水处即能歌柳词"。他作为第一位对宋词进行全面革新的大词人，婉约派的代表人物，对后世词人影响甚大。

放眼世界，拿破仑因为身材矮小而立志在军事上获得成就，结果成了军事家；苏格拉底因为自惭形秽，在思想上痛下功夫，结果在哲学领域大放光芒……

其实，这样的人物故事要比平时当着孩子的面喋喋不休地告诉他们应该怎样向伟人学习、树立怎样的远大梦想、怎样珍惜学习时光、怎样学习才能取得好成绩要有效得多。因为当那个曾经或自我封闭，或不可一世、睥睨一切的孩子听到这样的肺腑之言时，或多或少就会产生拼下去的勇气和天生我材必有用的胆识，因此在内心深处引起震荡甚至共鸣：生命如此美好，我有什么理由不为自己的精彩人生努力呢？

要相信：蜗牛自有蜗牛的地盘，雄鹰自有雄鹰的天空。

所以，很多时候我们的教育过分强调了修身、齐家、治国、平天下的大略，却忽视了对承受压力、敢于失败、勇于斗争的引领和思考。我想告诉学生：中、高考往往有唯一的标准答案，人生却有很多正确的答案，即使中、高考失利了，也不要否定自己。

因为，分数压根儿不是人生的全部，学习也只不过是人生的一部分。一个人的未来往往并不取决于任何一场考试，中、高考是小考，人生才是大考，只要我们败得起，只要我们全力以赴，未来所经历的每一个瞬间，都可能是改变命运的契机。

三、会赏敢罚

记得有这样一则故事：一位名叫黄喜的相国，微服出访，路过一片农田，坐下来休息，瞧见一农夫驾着两头牛正在耕地，便问农夫，你这两头牛，哪一头更棒呢？农夫看着他一言不发。等到耕到了地头，牛到一旁吃草，农夫附在黄喜的耳朵边，低声细气地说，边上的那头更好一些。黄喜问他干吗用这么小的声音说话，农夫答道，牛虽是畜类，心和人是一样的。他要是很大声地说这头牛好，那头牛不好，牛会从他的眼神、手势和声音里分辨出他的评论，那头虽然尽力，但是不够优秀的牛，心里会很难过……

对照那个对牛体贴入微的农夫，作为教育者的父母（包括教师），是不是经常在表扬或批评的瞬间忽略了一份对学生心灵的抚慰？

我们经常大声随意地呵斥学生，不论何时何地，也不论什么人在场，只顾自己的恶气，全然不顾学生的感受，认为这是良药，再苦涩，学生也应脸不变色、心不跳地吞下去。学生越痛苦，越说明这次批评教育起到了"药到病除"、举一反三的功效。

殊不知，使学生真正醒悟过来的是一种对自己的珍惜和对他人的敬重，己所不欲，勿施于人。如果一个学生一直生活在无穷尽的批评与心理折磨的阴影里，这就会对他将来人格的形成留下祸患，现在有不少的学生性格怪僻，交往不畅，心理抑郁，即是明证。

人们常常以为只有批评才需注重场合，若是表扬，在任何的时机、任何的场合下都是适宜的。这其实也是一个大误区。常言道"蹬鼻子上脸""给你三分颜色就想开染坊"。有些学生,你若是一味地表扬他(她),他(她)极有可能不自知,以为自己天下第一,谁都不如他(她),于是乎飘飘然,把任何人都不放在眼里,瞧不起任何人。这时候人们才会恍然大悟,过多的溢美之词不但没有使学生更有知识,更知书达礼,反而让他(她)不可一世,飞扬跋扈。

的确,批评和表扬永远都是双刃剑,使用得好锋利无比,斩出一条通达的道路,使我们快速向前,学生舒心,老师放心,家长省心,大家都安心;使用得不当,就可能伤了自己,也伤了别人,滴下一串串淋漓的鲜血,家长寒心,老师痛心,学生昧心,这样的现实恐怕是谁也不愿面对而又不得不接受的。

作为教育者,要心里有学生,手中有戒尺,无论是批评还是表扬,一定要适时、适地、适度、适人,既不"骂杀",也不"捧杀"。

四、静待花开

永葆希望之力,播下阳光雨露,尊重个性差异,然后静待花开。

法国教育家卢梭在《爱弥儿》中写道:"大自然希望儿童在成人之前就要像儿童的样子,如果我们打乱了秩序,我们就会造就一些早熟的果实,他们长得既不丰满也不甜美,而且很快就会腐烂;儿童是有他们特有的看法、想法和感情的,如果想用我们的看法、想法和感情代替他们的看法、想法和感情,那简直是愚蠢的事情。"

若是蜗牛,就不要嫌弃它走得慢。

若是雄鹰,更不要怕掉下悬崖摔死。

教育者应该是一个播种者,在四季更替、寒暑易节的日子里,明辨种子,播洒汗水,沐浴阳光,然后静待花开。

五、锤炼自己

不论我们的孩子正在经历什么,也不论我们正在干什么,都请你不要轻易放弃,因为从来没有一种拼搏会被辜负。我们做父母的千差万别,不管生活看上去有多糟糕,总有我们能做的事情,总应有所作为。

还记得2017年度《中国诗词大会》上的武亦姝吗？有才情、有气度，"生女当如武亦姝"一时成为不少家长的口头禅。在谈及女儿的成长时，武亦姝的妈妈说："天才是不存在的。任何一个优秀的孩子，都不是横空出世的奇迹，而是有迹可循的因果，它的因，在家庭；它的果，在父母。"

我们长久以来太热衷于"别人家的孩子"了，却很难以"别人家的孩子"的父母的标准持之以恒地要求自己，更忽视了自己的孩子其实也一直在努力成长。

我们长久以来太渴望成功，太看重结果了，却往往不敢直面挫折，不能接受失败，常常以分数的高低否定人生其他的美好。

我们长久以来太依赖别人，太想走捷径了。不信，看看遍布全国各地大街小巷五花八门的教育辅导机构便可了然。

我们长久以来想要的太多，而读的书却并不多，更令人痛心的是能静下心来真正喜欢读书的人也并不多。

我们长久以来已经习惯于为人父母，不需要经过选拔和考试，就轻而易举地成为父母了，细细想来，这是极其可怕的。

我们长久以来虽然自己是平凡的大多数，却总幻想着孩子是人中龙凤、国之栋梁……

在女儿于《中国诗词大会》夺冠以后，武亦姝的妈妈对着镜头说："真正的教育，其实就是拼爹妈。但教育语境下的拼爹，不是官二代、富二代的寄生和遗传，而是比拼父母的观念，以及生活方式、思维方式、处世方式。"

诚斯言哉！人生最曼妙的风景，是认清自己后的沉淀与从容。

如果能拥有一颗平常心，看淡世俗的虚荣，抵挡名利的诱惑，明辨他人的劝诫，静下心来，锤炼自己，呵护孩子，少关心"别人家的孩子"，坚定地做自己，踏踏实实地成就自己的孩子该有多好！

六、教师寄语

文末，我想大声说：

孩子，不着急，慢慢来！

孩子，你的过去我们已经无法参与，但是你的未来我们一定陪伴到底！

从明天起，以家庭为支点，把父母当杠杆，做一个热爱生命、努力学习的人；做一个陪伴孩子、改造自己的人；做一个注重过程、敢于承认失败的人；做一个全力以赴、顺其自然的人。这样我们撬起的不仅仅是自己的美丽人生，还有孩子未来的世界。

用心陪伴，播撒希望

兰州市第六十二中学 连 郁

人们总是把教师比作"灵魂的工程师""辛勤的园丁"及那甘愿燃尽自己，照亮他人的"红烛"。从小就有着教师梦的我最终圆梦校园，成为一名人民教师。真正走上教师岗位后我才发现，教师的工作是那么琐碎，谈不上伟大，更不够光鲜亮丽。工作十余载的我每日早出晚归，在疲惫中坚持，只是想用真心换真心，播撒希望的种子。

面对一张张稚嫩的脸，我不敢妄谈奉献，或是去改变他们的人生，我想我要做的就是真诚地陪伴。我能够深刻地体会到学生的那份天真，我真切地理解学生的年少轻狂，我愿意并尽力地保护每一个学生的自尊心，我真心地付出，我希望每个学生在如此美妙的年华绽放出最美丽的光华，无悔青春。

一、用心陪伴，发现闪光点

依依不舍地送走毕业班后，我迎来了又一批"花朵"——进取班的孩子们。作为班主任，我一开始就告诉大家我们是一个大家庭，我们要相互扶持，"不抛弃，不放弃"，因此，我对班级学生的要求十分严格，我希望我们进取班是最好的班集体，为了让我们的集体能够优秀地向前，在班级管理中，问题学生自然是我关注的焦点。

开学没多久有一个男孩小孙走进了我的视野，他说着一口略带口音的普通话，为人活泼、大方，总是在课间走到我身边向我汇报张三上课吃东西，李四下课调皮捣蛋，乐此不疲。刚开始我觉得这个孩子挺不错啊，观察力强，关心班集体，但时间久了我发现他发现别人的问题很及时，可自己无论是纪律还是作业都表现不佳,我心里就有些反感,之后他再反映问题我就不太理会。这之后一段时间科任老师告诉我,小孙同学总是不完成作业,我也发现他的作业本总换来换去,可每次换来的本子都是陈旧的,且他的校服总是脏兮兮的,问他怎么回事他总支支吾吾。同学们也因为他总是打小报告疏远他。我打电话请他的母亲来学校谈谈,不料来的却是他的父亲。我跟小孙父亲沟通过后,父亲只是说这个孩子在老家上小学时是由爷爷奶奶照看的,他自己到兰州来打工,顾不上孩子。这才接到兰州不久,他也发现他学习习惯差。我再问孩子的妈妈怎么不按时给孩子清洗校服,他父亲很隐晦地告诉我,他们的家庭是个重组家庭,我能猜出一二。心里多少有点理解他了,那之后我有空就会关心一下他,跟孩子闲聊几句。没过多久班里召开了家长会,会后一位老婆婆拉住了我的手,用急切的眼神看着我。我问她:"奶奶,您是谁的家长?"她用家乡话告诉我:"我是小孙的奶奶。""哦!奶奶您好,我想问问小孙在家的情况。"老婆婆一遍又一遍地抚着我的手告诉我,他是个很可怜的孩子,父母在他很小的时候就离婚了,从小由爷爷奶奶抚养,老两口只能照顾生活起居,这习惯养成和学习就管不了了,后来,他父亲再婚,对方还带来个小妹妹,小孙在家里的生活情形可想而知。可他虽然调皮却很孝顺,以前在老家每天放学后都帮着爷爷奶奶干活,就是现在来到兰州,一有假期他就会回老家帮爷爷奶奶干农活,打扫卫生。说着说着奶奶的眼眶红了,最后她说:"我家娃儿可怜,老师你多包容他,给你添麻烦了!"听了奶奶的一番话,我恍然大悟,之前小孙总是告状是想引起老师的注意,这个孩子太需要被关爱和肯定了。

从那天起,我更加有意识地关心小孙,有时间就跟他聊聊家里的生活,他的作业本用完了,我就给他个新的。他很开心,小学科需要课代表,我在班里让学生毛遂自荐,小孙主动提出要当历史课代表,许多同学投来质疑的目光,但我依旧任用了他,当上历史课代表的他工作特别认真主动。我还让他担任了小组的卫生委员,我发现小孙搞卫生特别认真负责,从来不嫌苦、不怕累,哪里脏小孙都会主动去搞,而且搞得非常干净。只要他有一点闪光点,我都会在班上表扬,他也露出了开心的笑容,而且其他小组搞卫生他也总是主动帮忙,慢慢地,他和同学们的关系越来越融洽了。从他身上我看到了一缕阳光,那么耀眼。

二、用心陪伴，建立师生友谊

我的班上有不少学习困难生，虽然成绩差，却都很开朗，但小徐同学有点特殊。其他老师反映他上课总是趴在桌子上睡觉，要么就低头玩自己的，作业随心情，有时根本不交，老师说了他也无动于衷。这天数学课他玩的魔术环被老师没收交给了我，我想跟他好好谈谈，但这次谈话却让我挫败不已。我问他为什么不听讲，他说听不懂。问他为什么在课堂上玩魔术环，他说无聊。问他为什么带玩具到学校，他低个头啥也不说。我耐着性子跟他分析初中学习的重要性，分析学生的职责，他就那么听着，嘴里不时地嘟囔几句，依旧一副无所谓的表情。我有些生气地问："你这学到底想不想上？"他斜眼看我说："那我就不上了。"当时的我真是骑虎难下，本来是想教育一番，没想到人家根本不接我的招。我想必须要跟家长谈谈了，小徐的妈妈来了，经过交谈我才知道，这是位无助的母亲，小徐爸爸为生计常年奔波在外，家里两个儿子都没操过心，老大念到初二就申请退学了，小徐是老二，在家也不听妈妈的话，每天晚上回家就要手机，不给就发脾气，要么就看电视，根本不学习，家长一说，人家还就威胁不上学了。看来家庭教育是指望不上了，可是我也不能眼睁睁看着小徐不上学啊，怎么办呢？看来不能硬碰硬啊。慢慢地，我发现小徐同学之所以一副无所谓的态度，是因为他根本没有奋斗的目标，没有找到自己的兴趣点，而我要给他一个支点，让他对生活有追求。于是，我又找小徐同学长谈了一次，这次我没有一上来就讲大道理，而是先问问他最近都玩啥游戏，又问了问他哥哥和爸爸的生活情况，他一愣，感觉不是听说教，我能看出他放松了下来，我们的交谈也越来越愉快，我告诉他在学校里也有能玩出名堂的地方来，他好奇地问哪里，我告诉他可以尝试参加机器人小组，他很爽快地答应去试试。

自从他加入机器人兴趣组，他整个人的状态就发生了变化，每次我问他参加兴趣小组的感受，他都饶有兴趣地跟我聊。我也告诉他兴趣组的辅导老师说他很聪明，有潜质。我又引导他，想要在这个领域玩出名堂还得有相关知识做后盾。就这样，每次谈话都很愉快，我发现小徐同学不再对什么都无所谓了，他拿我当朋友，所以我说的建议他很容易接受，就是有时候数落他几句，他也能主动承认错误。在班上他也能够积极参加活动了，劳动也积极了，上课也不捣乱了，做事有责任心了。这个学期，小徐父母因为要外出工作，临走前让我帮着多管管孩子，我利用这个机会不时地问问小徐的生活情况，我们两个人的距离又拉近了一步。本学期，八年级要举行篮球赛，小徐同学认真练习，在赛场上也有不俗表现。每次在全班大扫除的时候，他总是默默无闻地干到最后。期末考试，他在缺课一周的情况下物理依旧考得不错。这就是用心陪伴的力量吧。

三、用心陪伴，拉近师生距离

至今让我印象深刻的是今年五月份的校园文化艺术节大合唱比赛。最初我选择了一首励志的流行歌曲，但对于孩子们来说难度太大，练习了两次效果不佳，我们在比赛前一周临时决定更换歌曲。这对孩子们来说是个巨大的挑战，很多孩子对选择的歌曲不熟悉，需要一句一句反复教。第一次排练，大家都不在一个调上，我就一句一句教，不但教歌还教发声方法，就这样不厌其烦地教，大家总算能够唱下来了。这时新问题又来了，孩子们告诉我其他班级不但唱得整齐，而且还有道具、动作。我就跟孩子们一起想点子，找网上的视频，编排动作，又是一遍遍地重复，一次次地纠正。人家有道具我们就自己做道具，全班齐动员，我跟孩子们一起制作闪闪的红星，47只红星是我们用硬纸板裁成五角星，再贴上红色的贴纸，之后用松紧带根据每个同学手掌的大小固定上去的。比赛前，我亲自购置了化妆品，又利用周末租服装，并亲自为学生化妆。有了我的陪伴，孩子们特有干劲，在比赛中发挥了120分的热情和精力，最终我们取得了合唱比赛第二名的好成绩。这样的活动拉近了我与孩子们的距离，也让我体会到了陪伴的力量。

这样的例子还有许多，运动会上，为了鼓舞士气，我总是飞奔在操场上，加油呐喊，拍照合影，说不累是假的，但是我想要让孩子们感受到我对他们的关心，希望能够留下更多的回忆，也正是因为这种陪伴，我们班在运动会上才屡创佳绩。年级篮球赛，我是赛场上呐喊声最大的啦啦队员，用我的声音传递力量。综合实践活动我是最忙碌的摄影者，用影像资料记录孩子们的成长。

四、榜样的力量

初一新生学习健身操，每个动作我都仔细教，反复练习，功夫不负有心人，我们在学校组织的初一年级健身操评比中获得了第一名，但不久后我们的课间操质量就下降了。为了让学生认真对待，从那时起，我便跟在队伍的后面，和孩子们一起跳，大家看到老师在那里卖力地舞动，自己也越发地认真了。

现在的孩子都是家中的小公主、小王子，来到学校要他们打扫卫生简直问题百出，不是扫不干净就是垃圾没清干净，尤其是区域卫生，面积大，尘土多。还有许多学生打扫卫生点到即止，清风拂面，几个人聚在一起看不见垃圾，只顾着聊天。我想如果我站在那里只是插着腰指东指西，学生一定不服气。因此我就直接拿起扫帚帮着孩子们一起扫，我们经常一起在尘土中奋战。大家看到老师都不怕脏自己干，其他人自然也不好怠慢，这样我们班的卫生就越搞越好。这种身体力行的榜样力量是再多的口头教育都无法比拟的。

印度诗人泰戈尔说过："花的事业是甜蜜的，果的事业是珍贵的，让我干叶的事业吧，因为叶总是谦逊地垂着她的绿荫"。教育事业便是叶的事业，我愿意做叶，我会快乐地做叶，为花的甜蜜，果的珍贵，而付出我的爱，为陪伴着他们、感受着他们的幸福而倍感幸福。

表扬比批评更有力量

中国科学院兰州分院中学　马　杰

家校沟通反馈信中，我读到了小宋（化名）妈妈的回信，提到我对小宋同学近期在学校和课堂中的多次表扬，并提到这种表扬让孩子回家后，很开心地与家长分享，更欣喜的转变是小宋同学开始在家主动学习了。读完这封回信后，我陷入了回忆之中，回顾这一年来对小宋同学的日常在校教育：他是一个老师们眼中的学困生，成绩不好，上课还经常说话，于是我总是揪着随时发现的问题批评他，他通常的反应就是默默低着头听着，不说话、不反驳。并且他总是有这样那样的学习惰性借口，让我看不到他的光芒；而我又是一个爱憎分明的人，所以总是在他犯错的时候批评他，在他偷偷做小动作的时候对他果断处罚。对他来说，我的批评真的多于表扬，甚至没有能够让我回忆起来任何对他的表扬场景。

这学期为什么对他多进行表扬了呢？原因是那天周五的早上，我要求全部学生在7：20时必须安静，开始看书。那天早上教室里乱哄哄的，但当我走到小宋同学的桌子旁边时，发现一向闹腾的他居然在认认真真、安安静静地读书，不受任何人干扰，于是我信口说了一句，"大家看看小宋同学多认真！你们都应该向他学习！"这是当时一句随口的话，但却像一颗种子一样落入小宋同学的心田中，慢慢地生根发芽了。接下来的改变在午自习，他开始能安心坐在教室里复习小四门，开始拿着笔演算不会做的数学题，开始跟在学霸身后请教问题。基于他的这种改变，我开始在教室里多次利用各种场合表扬他。其实，我原本以为是升到初二，他自己醒悟到学习是一件极其重要的事情，开始认真读书。但是，当我读到他妈妈的家校反馈信的时候，我极其意外，因为我的一句表扬他开始转变学习态度认真学习。真的是震惊！原来一个老师一句轻易的话语，居然会对一个学生有这么大的影响。通过家长的文字描绘，我都能想象到小宋同学与家人开心分享的表情，这种表情我之前从未看到过。回想过去对他种种事情，此时我有些懊悔，如果我能早点走近他，看到他的闪光点，早点表扬他，是不是他会更快乐呢？是不是他就会早点热爱学习这件事情呢？

在教育中，我们往往看到的是老师都在批评学生的问题，很少有教师能与学生静心谈话，剖析问题，找出错误的症结。教师已经习惯用"批评"来解决棘手的问题，因为批评可以迅速解决"麻烦"，也能让孩子尽快收心。但是通过小宋同学的事情，我认为，在教育教学过程中，一个教师必须要善于发现学生的"闪光点"，要以表扬鼓励为主，这不仅可以激励学生，还能获得满意的课堂教学效果，同时也能提高教学质量，甚至是收获更多学生的尊重。总之，一句表扬远远比批评更有说服力。

让学生在鼓励中成长

兰州市第八十一中学　孙　鹏

给大地多一片绿色，大地就多了一份生机；给生命多一片亮色，生命就多了一份完美；给心灵多一片色彩，心灵也就多了一份浪漫。吟一首小诗给热情的生活，送一个微笑给明媚的早晨，撕一片白云给寂寞的天空，就不再有迷惘的眼神和憔悴的面容。为了不再有迷惘的眼神和憔悴的面容，我虽不是一片白云，但我愿做一片白云。

对于英语教师来说，英语作文是学生很大的难题，我的心理压力也随之增重。应对学生不知所云的作文，我曾急躁过、指责过，也曾劈头盖脸地大声训斥过，面对学生那惶恐、无奈加无助的眼神，我真的不知所措。于是我失望、我放弃，甚至就对他们置之不理，不再过问。但我心头的那块石头却从未减轻过，倒觉得肩上的重担越来越重。于是我烦躁、我苦恼，似有一腔苦水无处倾吐，一腔怒火无处倾泻。所以我总会莫名其妙地发脾气，给人的感觉就像一包炸药，一触即发。

偶然的一次机会，在报纸上看到这样一个小故事：一群青蛙在树林中穿行时，有两只青蛙不留意掉进了一个很深的坑中。所有的青蛙都聚集到坑边。当看见坑很深时，青蛙们就告诉那两只拼命往坑外蹦的青蛙，不要白费力气了，你们根本跳不出来。但是两只青蛙不顾劝阻，使出浑身的力气往坑外蹦，期望能够蹦出来。其他的青蛙不断地告诉它们不要枉费力气，它们死定了。最后，一只青蛙相信了其他青蛙的说法，放弃了挣扎，倒地死去。而另一只青蛙继续努力地跳着，其他青蛙还是不停地劝它不要白费力气，让它乖乖等死。但是这只青蛙更加努力，最后跳出了坑外。原来，这只青蛙是聋子，它一直以为其他青蛙是在鼓励它跳出来。

读后，我的心为之一颤，多日焦躁的心平静下来。于是我反思，是我做错了吗？真的做错了吗？学生不就是一只小小的青蛙吗？是我无情的批评、指责，而使他们失去了上进的信心、上进的勇气。我后怕，怕的是一批人才即将毁在我的手中；我庆幸，庆幸的是离中考还有两个月，毕竟还未结束。于是，我只把其中的一名同学小光找来，决定试试看。我改变了以往的态度慢慢地加以引导，又换个角度跟他谈起来。"你有理想吗？""没有。""你最喜欢什么？""没有。""从小到大你印象最深的是什么？""没有。"应对一大堆的没有，我真的很头疼。"你得过病吗？""没有。""你从小到大真的没得过病？"他沉默了半响，"有。"我眼睛一亮，真不容易，找到了一个有，于是我便抓住这个难得的机会，开始了我穷追不舍的发问。"什么病？""阑尾炎。""什么时候？""六年级。""你有什么感受？""没有。"唉，又是没有，我心凉半截，应对这么多没有，我真的再无信心问下去。但我依旧硬着头皮往下问，"六年级的大小伙子了，当时真的没感觉吗，不疼吗？""不疼。"竟然不疼，莫名其妙，木头人，还是植物人？无奈，还是继续进行。"当时有人陪床吗？""有。""是谁？""妈妈。""你还记得当时的情景吗？""有一点。""当时你妈妈对你是何等关心，何等照顾，日夜守候在你的身边，难道你就一点想法都没有吗？你读书是为什么，将来你考上学，回报你的母亲，这不可以是你的理想吗……"

在高兴之余，仔细想想，觉得自己平时的做法真有些不妥。我们总是把自己在生活中所遇到的，所经历的全部告诉学生，精心地给他们设置了一块又一块的禁区，反复地对他们提出了一条又一条的禁令，再三地告诫他们不能怎样，而根本就没有思考到，这样做的结果很可能会让他们像第一只青蛙一样，失去信心，放弃努力，使他们处于依靠、等待的状态，从而磨灭探索的勇气，熄灭创新的火花，最终也就庸庸碌碌地过完这一生。

这天我才意识到，话语的力量有多大，如果我们经常对学生进行劝阻、告诫，就会使他们悲观，趋于平庸，甚至走向死亡；如果我们经常对学生进行引导和鼓励，就会使他们充满信心，增添力量，最终获得胜利。

所以，我们对学生的教育要少一些告诫，少一些劝阻，不能让学生缩手缩脚，畏首畏尾；我们对学生的教育要多一点引导，多一点鼓励，要让学生勇于探索，敢于创新，始终信心满怀。

让我悄悄对你说

兰州市第八十一中学　吴　倩

亲爱的孩子们：

　　上个周末，你们悄悄地完成了一项"作业"——每个人给我写了信。看完了你们写给我的信之后，你们的真诚深深地打动了我，不由地让我提起笔来写这封回信给你们，让我跟你们说一些悄悄话。

　　2018年8月，还有几分炎热，你们穿着彩色的衣服，稚嫩的面孔上满是对新学校的期待，坐在了五班的教室里。其实初见的那天，好多人的穿着打扮我已不记得，我具体说了什么我也记不清了，但是从信中，我发现你们都还记得！有人记得入学考试时我的红裙子，有人记得我给她发的准考单，有人记得我的那句叮嘱，有人记得"先学做人，后学知识"的要求。你们让我看到了人性的闪光点，你们让我相信语言的力量，原来生活中那一句无意的关心的话语有那么大的力量，是那么的温暖。

　　2018年9月，天气忽好忽坏，你们已然换上了统一的新校服，蓝白相间，像一群可爱的"蓝精灵"，却也是一群顽皮的"阿凡达"。作业问题层出不穷：不写、忘写、漏写，是"花样百出"；纪律问题无大有小：上课、课间、自习是"百家争鸣"；卫生问题投机取巧：扫地、拖地、清垃圾是能省则省；运动会无功而返：田赛、竞赛、趣味活动是全军覆没……我听到的评论总是负面的、消极的，但是在信中，有人感谢我让她在长跑中发现了不一样的自己，有人感谢我对学习的严格要求，有人感谢我让他在班委工作中获得了不一样的体验……于是我想"静待花开"，不是说每朵花都会盛开，只是花期不同而已，我相信我的这些花儿会各自绽放，只是时机未到，还未成熟。

　　2018年10月，渐渐入秋，一年中最美的季节，却也是最让人不知所措的时候。为期一周的全市英语教师培训，让我不得不对你们彻底放手。那几天，我仿佛热恋中的小女孩，让我"牵肠挂肚"的人是你们，让我"日思夜想"的人是你们，各种不放心和担忧，各种隐隐的忧虑，但是好在除了上课说话这些毛病和问题，没有出什么大事，还算安稳吧！于是，有人记得我们三天排练的朗诵节目，虽不完美，却也是一次刺激愉悦的体验；有人记得期中考试成功后，我的欣喜和激动；有人记得考试失利后，我的鼓励和信任。于我而言，这些都不过是老师的"分内之事"，而你们却都——珍藏！

2018年11月，天气越来越冷，空气质量也越来越差，你们学完了足球操，又在学习广播体操，总有那么几个人跟不上节拍，在队伍里格外醒目。本以为日子会这样一天天地过去，一年就要这样结束了，但是这突如其来的一场大病，吓坏了亲朋好友，也吓坏了自己。我觉得自己是幸运的，我开始重新审视自己的心态和生活，如果没有这样走一遭，是不会有如此深刻的领悟。每次对你们批评，其实都是希望你们能改变，能努力，能上进，能成功！每次对你们批评，其实我都不曾真的生气，因为我知道你们的真诚和善良、热情和友好是世间最珍贵的藏品，是为人最宝贵的品质。孩子们，愿你们成长而不失友好，成熟而不失真诚，成功而不减热情，成才而不减善良！

2018年12月，入冬的几场雪让这个季节充满了寒冷和期待。是啊，冬天来了，春天还会远吗？班里不时有人咳嗽，但很少有人请假。坚持是你们的又一个宝贵的品质，轻伤不下火线，我们坚守在努力学习的前线上。还记得我们放飞的竹蜻蜓吗？虽然没有吃吃喝喝的元旦，虽然没有节目游戏的活动，但是我们每个人都有了一个目标，一个愿望。我想让你们知道，梦想掌握在我们自己手中，需要我们努力让它们插上翅膀，迎风飞翔！也许它会逆风，也许它会掉落，但只要有梦，只要敢想，你自己可以让它高飞，让它飞高，高一点，再高一点……

2019年1月，元旦过了，新年来了，考试了，假期了，一个学期就这样在匆忙的脚步中走过。孩子们，细细数来，四个多月的时间，谢谢你们的包容，谢谢你们的理解，而我的决定自有我的考虑和原因，对不起，请你们原谅我！这个冬天，最温暖的那句话是"我好喜欢您！"最揪心的那句话是"求求您，不要走！"最好听的那句话是"您改变了我！"最有力量的那句话是"您是一位好老师！"

　　孩子们，我会以另外一个角色，从另外的一个角度，继续默默守护你们。请相信，我们的美好待续……

笔谈式交流，做好学生的"倾听者"

兰州市第六十二中学　连　郁

苏霍姆林斯基说："学校里的学习不是毫无热情地把知识从一个头脑装进另一个头脑里，而是师生之间每时每刻都在进行心灵的接触。"可见，教师与学生之间的情感沟通是做好班主任工作的重要纽带。对于班主任而言，只有真正走进学生的内心世界，尊重他们，理解他们，主动与他们沟通，取得他们的信任，做好他们的"倾听者"，才能更好地开展工作。处在初中阶段的中学生，很可能因为我们教师采取不当的教育管理方法导致他们形成某些偏激的行为。作为一个班主任，要走进学生的内心世界，我最深的体会是：班主任工作注重的是真实而准确地了解学生个体的反应并给予及时的指导和反馈，注重与学生情感的沟通与交流，无论是对学生个体的关注，还是整体的管理，都依赖于这种交流和相处的方式，和学生沟通的方式，我常用笔谈。周记就可以看作是一种"笔谈"。"笔谈"确实也是一种不容忽视的了解学生、从细节帮助学生处理心灵问题的方式。一年的"笔谈"，使我在班主任工作上有了更多的心得体会。

一、"笔谈"能够提高学生的写作能力

起初，我班上的学生刚刚进入初中，感到学习任务重、压力大，很少有时间在作文方面进行专题训练，在这种情况下，学生坚持写周记就很有必要，因为周记是让学生每周坚持写，而且写的都是学生身边发生的事，它的形式灵活，内容可长可短，学生乐意接受，也愿意写，久而久之，在无形当中提高了学生的习作能力，而这是进行专题作文训练所无法比拟的。经过一年的积累，

学生们的写作水平普遍有了大幅度的提高。

二、"笔谈"的实效性

必须认真地阅读学生的周记并且给出详细的批语和回复，达到"笔谈"的实效性。

针对周记中所反映出来的各种问题，我不是大笔一挥，一个"阅"字就了事。面对学生提出的各种问题，我都会用诚恳而认真的态度写下精简的评语，给他们一个满意的答案。像"你在老师眼中永远是最棒的"等激励性的话语都可运用在周记评语中，虽然简单朴实，但却最能让学生受鼓舞、直面困难。即使是善意的批评，先不忘指出其优点，这样的评语一定会使学生并不觉得写周记是件痛苦的事。同时，还要不断提高学生的写作积极性。学生有时会出现为了应付而记流水账的情况。针对这种情况，我适时地给其定主题，如"我不开心的是……""我和父母""我看班级"等。这些主题都能围绕学生身边的事展开，学生们愿意写，也会写。并且对于认真的学生要进行表扬。

三、"笔谈"不受时间限制，有利于节省学生时间

目前初中生的课外活动日益丰富，学生的学习日渐紧张，我自己也经常感到时间不够用，找学生面谈的时间只能选择在课间和自习时间。课间时间短，匆匆几句难以取得效果，课外如中午、课外活动，常受其他人和事的影响，师生很难真正地进行有效的交流，效果不佳；自习课时间由于学生学习紧，如果占用太长，可能影响其学习任务的完成。而笔谈不会占用学生的学习时间。

四、"笔谈"对班主任工作的帮助

通过"笔谈"反映班主任管理中的问题，便于班主任自我纠错。

周记好比是一面镜子，真实而鲜明地折射出班主任在班级管理方面的不足，时刻鞭笞着班主任学习新的班级管理方面的知识，不断完善自我。

在工作中，班主任难免有失误、不周或让学生误解的地方，如果一味地固执己见，不考虑学生的感受，势必会影响班主任在学生中的形象与威信。有时候，学生是不会、不便或不敢当面向班主任提出来的，但有了周记这个载体就

不一样了。

在周记中，学生对班级管理及班主任有什么看法，都会在笔端如实地反映，且态度鲜明、毫不留情。不管这些意见是对还是错，是合理还是不合理，是友善还是尖锐，班主任都应虚心接受，有则改之，无则加勉，对存在误解的学生以谈心的方式来消除误解。师生间心平气和地交流意见，使误解或隔阂烟消云散，从而增进感情，融洽了师生关系。学生也愿意将真心话说出来，从而削减了师生间的"代沟"或"隔阂"。

五、"笔谈"的作用

利用每周的周记和学生进行"笔谈"，听学生说他们的心里话，了解他们的想法，做他们忠实的"倾听者"。

刚开始，班里不少的学生对写周记心存顾虑，害怕我看到后对他们有什么看法，但当他们看到周记评语中积极的肯定、真诚的鼓励、善意的批评和热心的点拨时，对我的信任之情油然而生。

同时，班主任要树立自身良好的形象，要用人格的力量感化学生，得到学生的充分尊重和信任。建立融洽的师生关系，关心每一位学生，让学生真切地感受到我的关爱，使他们感觉到我是值得信赖的朋友，是贴心的知己。随后他们通过手中的笔，将自己真实的想法流露于字里行间，让我触摸到每个学生最真实的内心世界。

通过谈心，学生的心灵敞开了，有些学生的隐性问题就会出现在周记中，而我也喜欢通过笔谈，帮助学生除去"心灵青春痘"。不用讲究构思是否巧妙，文笔是否精彩，而是看重思想交流。在周记中，我允许学生发牢骚，提意见，还可以说悄悄话。这样的周记，一方面能够帮我及时发现孩子的"心灵青春痘"，让我听懂孩子的心声，为孩子除去"心灵青春痘"。另一方面也使得孩子在与老师的交流中学会控制并处理自己的情绪，从而自主地解决问题。对班里的每位学生，我都会用心看到他们每人特有的东西，用我手中的笔，帮助他们处理"心灵青春痘"，用我真诚的笑容，告诉他们我的欣赏和关注。

六、及时了解学生家庭情况，做好学生与家长的桥梁

家庭教育是学校教育的基础和补充，它直接影响着学校教育的效果。只有创造出有益于学习的良好家庭环境，才能保证家庭教育任务的完成。但是，由于学生来自不同的家庭，每个家庭的经济状况不同，父母的思想水平、文化修养等也有所不同，因此，在对子女受教育的重视程度方面，和对子女的教育方法上也都不一样。

透过学生的周记，我了解到学生对家庭的不满情绪：家庭不和睦，父母对他们只是物质上的关心而缺少精神上的关爱，只看重考试分数，等等。这时班主任就可以通过周记所掌握的情况，及时与家长联系，或面对面沟通，多做其思想工作，让他们清楚地认识到家庭对孩子成长的重要性。让自己成为学生与家长之间的桥梁，从而达到家庭与学校之间的紧密配合。

七、要特别注意对学生的笔谈内容实行"保密"

学生有时不敢表露自己内心真实的想法，特别是不敢反映个别同学在班级中的不良行为，害怕反映后被他人发现，成为众人排斥的"告密者"。于是，班主任就必须做好学生周记的"保密"工作，不仅自己不能将学生周记的内容公开，而且任用专人负责周记的收发，确保第一时间送到每位学生的手中。这样学生才会更放心、更大胆地展示真我，暴露问题，才能使周记发挥其应有的作用。

班主任工作事情很多、很费心。但是，我相信每一位班主任从内心深处会像呵护自己的孩子那样关注和教育每一位学生。当学生愿意把心事向我们吐露，当家长告诉我们孩子进步了，我们的心中便会涌出一种说不出的幸福感。这或许就是做班主任的一种乐趣。我一直很感激我的学生，感激他们经常给予我的所有回忆与思想。经过一年的积累，透过密密麻麻的文字，我和我的学生都收获了很多。我想这将会成为我们之间宝贵的记忆、共同的快乐。

成长的动力：学习

兰州市第八十一中学 孙 鹏

有前进的车轮，就有坦荡的大道；有攀登的足迹，就有闪光的目标。我在用实际行动证明着这句话。大学几年，几乎每个中午都没有休息过，扎扎实实苦练基本功，拿个品学兼优双丰收是我心中的永恒信条。静坐桌前，奈一腔寂寞，尺幅间拓下了自己奋战的身影。

衣带渐宽终不悔，为伊消得人憔悴，虽然我也曾因饥一顿、凉一顿地将就自己的胃而落下胃病，但我热情不减，干劲十足。因为热爱，我从来感觉不到什么叫劳累、什么叫痛苦。我常跟同事们说痛也得过，乐也得过，何不开开心心每一天！

拥有现代教育头脑，是时代对现代教师的高标准、高要求，仅具备此条件，还远远不足以让学生亲近你，我觉得让学生走近我的主要因素就是我与人交流的方式与众不同。我建立的平等、和谐的课堂为许多学生撑起了一片蓝色天空。

我鼓励学生独立思考，多提问题，常说提出一个问题比解决一个问题更重要，我的讲课方法力求灵活独特，语言力求幽默简洁，总是把最关键的问题留给学生去说去做，把学习的主动权还给学习的主人——学生，我经常跟学生说的话就是不要怀着不会的情绪学习，要怀着总想学会的情绪学习。

学生说，孙老师的眼睛会说话，当我们执迷不悟、思想滑坡时，他的眼睛会流露出失望的目光；有人在上课时搞小动作不认真听课，他就用那火眼金睛放射出电子，触击到你身上，然后语重心长地用严肃加温和的语气说："甚矣，汝之不惠！"幽默、独特的语言，折射出我对教师这一职业的热爱，对学生的爱护。拼搏进取的敬业精神和终身学习意识深深地吸引着学生。工作中我在用实际行动诠释着"学而不厌，诲人不倦"。广泛爱好，让我拥有了多种与学生交流沟通的语言。

假如我们还可以选择……

——写在赴金城名班主任成都高级研修班之后

中国科学院兰州分院中学　杨根平

常常听到不少的同仁这样感慨：时代变了，孩子不好教了；如果不谈学习，都是好孩子啊……

我经常反问自己：如果时代不变，你愿意回到过去吗？对于像我这样的普通老百姓而言，如果没有高考，现在又会怎么样呢？我又会有什么新的选择呢？

一、一千个哈姆雷特

教育是什么？教育又是为了什么？

四川石室中学的梁岗老师说："唯有适合的教育才是真正的教育。"

成都七中育才学校的叶德元老师说："教育是生命影响生命的过程……"

武侯实验中学校长李镇西说："教育就是让人们因为我的存在而感到幸福……"

……

就像一千个读者就会有一千个哈姆雷特一样，一千个教育者就会有一千种不同的理解和看法。国学大师王国维在《论教育之宗旨》中指出：教育的宗旨在于要让"人之能力无不发达且调和"。英国的教学家斯宾塞则认为教育的目的是"为完美的生活做准备"。这是否在告诉人们：教育就是通过体育来"发达其身体"，通过德育、智育和美育发达其精神，以真正实现人的真善美之三德呢？这里的"完美生活"除了物质、智力以外，是否还包括人的身体与精神呢？在我看来，中外两位学者都不约而同地强调了身体和精神才是教育的中心和根本。

诚然，教育不仅是补短，而且更重要的是"引长"，不然，怎么可能用一棵树去摇动另一棵树，用一朵云去推动另一朵云呢？

诗歌《也许》中这样说：

> 也许
>
> 我没有预见
>
> 以为你只是罗裳轻掀
>
> 待感悟到你的气象万千
>
> 便已有人生百年的感叹
>
> 好在我还拥有读你爱你的明天
>
>
> 也许
>
> 你将不再是我的思念
>
> 把你化作春风见证我的笑脸
>
> 把你酿为甘露浸润我的心田
>
> 把你融进生命博取我的恒远
>
> 把你刻入灵魂涤荡尘世的纷繁

是啊，这些年，无论我遇见了谁，他们都注定是生命中影响了我的人，绝非偶然，他们一定会教会我一些什么。曾以为贫穷就是饥饿、衣不蔽体和没有房屋。然而现在才明白最大的贫穷是不被需要、不会真爱和不善读书。诚警醒也！

其实，真正的收获不在于一时的感悟和激动，而是在今后每一个迎来送往的平凡日子里，能够怀揣一颗爱心，以爱育爱，书写关于真善美的教育故事，让每一天的学校生活充满温情和热度。

二、平凡的大多数

犹记得1916年蔡元培先生以"我不入地狱，谁入地狱"的胆识和气魄向世人宣告："大学者，研究高深学问者也……大学不是贩卖毕业的机关，也不是固定知识的机关，而是研究学理的机关。"

慢慢审视自己，多少年来，在中学教育阶段，我是如此执拗地用智力的增长单一地替代孩子们心灵的健康成长，用道德的或泛道德的行文来灌输孩子们个性的张扬，用分数的高低标准去扼杀孩子们的快乐华年，想来真是追悔莫及、罪不可赎啊！不在教育的最前线，就不会真正明白：教育真的不是万能的，教育理应且一定是多元的，唯有适合个性发展的教育才是真正的教育。每个人与生俱来与他人是有着千差万别的，正如是一盆玫瑰花，就常浇水，静待玫瑰花开；是一颗橡子树，就常修剪，十年树木，等它长大；是一株小草，就让它肆意生长，葳蕤茂盛，装扮大地。就像大千世界，我们不能指望每个孩子都能成为科学家、艺术家、企业家、政治家……这个社会不仅需要科学家、艺术家、企业家、政治家，也需要环卫工人、出租车司机、菜贩、保安等。

诚然，教育成才成器固然荣耀可喜，但教育成"人"也是难能可贵的。我们教育的孩子，包括我们自己在内，能成才、成大器的毕竟是少数，绝大多数孩子就如同田间的野草，平凡一生，但谁能说每一株野草就没有自己的美丽与幸福呢？如果我们没有让一株小草成长为参天大树的超凡本领，那么就让我们为每一株草洒上爱的甘露，培植快乐的沃土，让小草焕发出属于它们的精彩。

毕竟，我们都是平凡的大多数！

老师啊，请少用题海来湮灭学生仅有的一点学习热情，来提高那点可怜的分数，来铺垫自己的荣誉之路！请别为了确保升学率，一而再，再而三地劝退那些所谓的"学困生"吧！

或许，我是用挑剔的、带有功利性的眼光来审视我的同仁们和周遭的世界，可是又有谁能在从事教育大半生后却能够置身于"体制"之外呢？或许，体制有不完善的地方，评价有不公平的时候，社会有对教育过分苛刻的期待；或许，我只是一厢情愿地想要触及教育当中最柔软的部分，在不远的将来，让我们的孩子们不再那么坦然甚至漠然地顺从，让孩子们高昂起独立思想之头颅，建立自由之人格……

所以，老师们啊，别在孩子面前太"逞能"了，你也有弱小的时候，每个人理应有不出色的权力，该放手时就放手吧，你就会发现原来这个世界风也平来浪亦静，天也空来水更阔！

做幸福的教育者，应该始于发现不同，尊重个性；行于与书为伍，阅读冶性；终于不忘初心，与爱为伴。除此之外，一切的诸如课堂改革、素质教育、核心素养等恐怕都是空谈。

　　静下心来，环顾四周，大学虽已遍天下，"超级中学"火遍大江南北，但是世间却再也没有了蔡元培。

　　幸也？悲耶？

三、莫迷茫，多读书

　　一个人的精神史就是他的阅读史。

　　有人说："读书养性，文章育人。"我想，没有教师核心素养的提升，就不可能有学生核心素养的提升。教师的困惑和教学的困惑，大多都因读的书太少了。试问，我们中有多少人把二十四史读了再读？把名曲名篇唱了再唱，背了再背？把语文和生活、美术、历史、音乐、电影等一视同仁……唯有读书，才能聆听到美妙的声音，欣赏到绚丽的花朵，感知到历史的厚重，体悟出世间的精彩。也唯有读书，受伤的心灵才能得到抚慰，缺"钙"的思想才会变得坚强，冰冷的血液才会重新沸腾，模糊的双眸才会更加明亮。也唯有读书，才可能避免像夏丏尊先生所说的那样："学校教育到了现在，真空虚极了。单从外形的制度上、方法上，走马灯似的更变迎合，而于教育的生命的某物，从未闻有人培养顾及。好像掘地，有人说四方形好，有人又说圆形好，朝三暮四地改个不休，而于池的所以为池的要素的水，反无人注意。"难道这样的清醒不是在关照人的核心素养吗？

　　今天的我们是不是也应该有所警醒呢？

　　记得朱永通老师在《教育的细节》里曾讲述了这样一则发生在20世纪90年代的故事：

　　柏林墙倒塌的前两年，东德的卫兵亨立奇，射杀了一名企图越墙逃往西德的青年克里斯。1992年2月，在统一后的柏林法庭上，亨立奇受到了审判。被告律师辩称，亨立奇只是在执行任务，而没有选择权，所以罪不在他。但是法官说："作为警察，不执行上级命令是有罪的，然而，打不准是无罪的。作为一个心智健全的人，你有把枪口抬高一厘米的主权，这是你应自动承担的良心义务。"一厘米，细微到可以忽略不计，然而法官对这一厘米的解读却让生命无限高贵，让人性光芒万丈。

作为教师，教育的智慧、教育的灵感以及教育的魅力是不是也应该有"一厘米的主权"呢？我们又该拿什么来解读教育过程中无数个"一厘米的主权"的故事呢？

是学生难教，还是我们分身乏术、学不高深、识不渊博之故呢？

腹有诗书气自华！

作为一名老师，读万卷书，行万里路，除此之外，我们别无选择！

我们不应该为了别人的看法而活着
——致彦凝

中国科学院兰州分院中学　王招妮

当一个人第一面便能给我们留下深刻印象时，一定是因为某方面突出，口才、脾气、美貌、穿衣风格等，都有可能。而你的独特之处在于爽朗的笑声，你可能在怀疑是我故意避开体重而说什么爽朗的笑，我要强调的是你一点都不用怀疑。因为没有几个人能光凭借看就能判断出一群身着同样校服坐着的孩子的体重，要不是初次见面你那爽朗的笑声，我才没可能那么快记住你的名字。即使有人是因为你的体重而记住了你，你也不能把这看成是你的缺点吧！

在这个世界上，每个人都是独一无二的存在，每个人都有自己的个性，个性化是人的存在方式。所谓个性，就是个别性、个人性。生活中，常有关于减肥、整容、穿衣、打扮的话题。然而我想说的是，容貌是父母给的，自然真实就好，我们需要做的是尊重自己的品位和欣赏能力，而不是迎合别人的品位与审美。你可以通过锻炼来控制体重，但我不希望你否定自己；你可以通过合理饮食来减脂，但我不希望你节食饿到胃疼；你可以雪藏从前，让自己从头开始，但我不希望你从此忧郁寡言。你要时刻记得你所做的一切努力是为了成就更好的自己，而不是取悦他人，真正爱你的人不会因为你外在的改变而改变对你的态度。理性地关爱，才是友谊的特征。

周国平先生说，自己才是自己最忠实的朋友。"人生在世，不能没有朋友。在所有朋友中，不能缺了最重要的一个，那就是自己。缺了这个朋友，一个人即使朋友遍天下，也只是表面的热闹而已，实际上他是很空虚的。"所以当你身边众声嘈杂的时候，不妨向内看，和那个最重要的自己做朋友。我们活着不是为了改变别人的看法，而是让自己坦然。我想念那个说着相声逗大家乐，然后自己也开怀大笑的你；我想念那个模仿各科老师演技爆棚，瞥见老祁一溜烟逃跑的你；我想念那个运动会上激情澎湃，吼破嗓子为同学们加油鼓劲的你。

你曾写过一篇《欣赏世界的美好》的文章，你说我们需要学会欣赏每一首歌，去聆听它的旋律；欣赏每一篇文章，品读它的内容；欣赏每一段舞蹈，领略它的优美；欣赏每一个人，发现他的优点。一花一木，一石一草，世间万物都值得我们欣赏。其实，你最该学会的是欣赏自己。欣赏自己，发现自己独特的禀赋与价值，从而自我实现，做自己最忠实的朋友。

你是可爱的、美丽的、坚强的、善解人意的、个性鲜明的，我们不应该为了别人的看法而活着。相信我，你的优秀不需要别人来证明！

因为选择才有意义
——致万晴

中国科学院兰州分院中学　王招妮

还记得八年级开学伊始，我因我们的大家庭缺失了一员而失落过一段时间。因为我一直以为能够陪伴你们每一个人完完整整地走完这三年时光，你们每个人都是轩蕊班不可或缺的一部分。但后来我才渐渐明白，不管你当初中途放弃学业还是时隔一年再次归来，都是在为自己做选择。正如著名心理学家武志红所说："正是因为可以选择，我们自己的人生才有了意义"。我想，正是因为有了人生道路上这些重要的抉择，正是因为有了与同龄人不一样的经历，你才会无比地清醒与明白学习的意义、努力的意义、选择的意义。

果然如我所料，在随笔中你写"选择对我来说挺重要的，关乎到了很多。后面既然选择了，那么我无论如何都会奋起直追。两年以前做了很错误的选择，现在也懂得了自己应该做什么。什么样的时间就该选择干什么，就像现在眼下最重要的就是好好学习，迎接中考。当一个人做出错误选择的时候，那么她一定不能再继续下去，而要勇敢地退出。人生的路很多条，怎么选关键在于自己，选择之前真的应该去考虑后果，你到底能不能承受或承担。选择什么样的路真的在于自己。"

同时你也写到了许多担忧。因为落下整整一年的功课，你害怕自己没办法跟上；因为错过整整一年的陪伴，你害怕没办法融入这个大家庭；因为缺少整整一年的学习，你害怕自己静不下心来。在我看来，这些害怕与担忧是应该的，因为落下的功课也好，错过的陪伴也好，都是既定事实。但你也不用过分担忧，因为从你的身上我已经看到了自我选择的智慧，为选择的后果而担当的勇气，以及奋起直追的毅力。起点的高低与终点的远近无关，我相信你半路停下来休息是为了获得更高的加速度。有人说，人最大的敌人是自己；而我要说，人最好的朋友是自己。有人说，人最有力的竞争对手是自己；而我要说，人最好的合作伙伴是自己。所以，我给你写了两个字的评语"冲吧"！

期中考试过后，看着教室里一双双期待的眼睛，我知道你比谁都更期待考试结果的公布。学校期中考试表彰大会上我抓拍了一张你领"学习进步奖"的照片，瘦弱的脸上第一次露出开心的笑容，当然还有那被大家所忽略的一闪而过的愕然。你真的该为自己骄傲，而不是惊讶！

选择，与命运相连。回过头来看，正是那些选择让我们成了独特的个体，走出了自己的路。

加油！

认识你自己
——读《俞敏洪：自己就是那只蜗牛》有感

中国科学院兰州分院中学　杨根平

世界上或许真的没有完全相同的两片树叶，人生也何尝不是这样呢？

一、天生我材

先前执教《陈涉世家》一文，当读诵到"王侯将相，宁有种乎"时，同学们都不禁议论纷纷，唏嘘不已。几千年前的这个陈胜，这个改变了中国历史的穷小子，让人不得不再次刮目相待，在他石破天惊的呐喊背后，到底隐藏着怎样的历史玄机呢？

带着这样的疑问，穿越千年的历史长廊，同学们再一次去寻觅历史上星星点点的关于他们的印记。语文教科书里的记录显得简单且深邃："陈胜者，阳城人也，字涉。""陈涉少时，尝与人佣耕，辍耕之垄上，怅恨久之，曰：'苟富贵，无相忘。'"不必说当年他是怎样的忍气吞声，也不必说他又是何等的壮怀激烈，单是一句"燕雀安知鸿鹄之志哉"的呐喊就足以彪炳史册，引无数人在千年后的今天一叹再叹。

是啊，古来圣贤皆寂寞，唯有奋斗者青史留名。遥想当年，舜被起用于畎亩之中，傅说被提拔于版筑之间，管仲因罪而获得相位，苏秦因他人嘲笑而身挂六国相印……在历史的天空里，他们不都是用勤奋书写了自己的美名吗？有人说过，历史是一个任人打扮的小姑娘。我想勤奋绝对是这个小姑娘亘古不变的好品质，或许每一个人也都是被上帝宠爱过的小姑娘。俞敏洪老师也一直相信："改变一个人命运的唯一途径就是通过自己的努力和勤奋。"诚斯言哉！

二、站着走路

当一个人不愿意爬行的时候，他一定会站着走路；当一个人选择下跪的时候，站着的也就成了巨人；当一个人为梦想而奋不顾身的时候，全世界也许会为他让路。或许谁也没有料到，陈胜领导的起义军不但建立了张楚政权，而且还拉开了"哪里有压迫，哪里就有反抗"的历史序幕，中国的史书上，在那时就镌刻上了他们的千古美名。是啊，只要能爬到金字塔的顶端，蜗牛眼中所看到的世界，跟雄鹰所看到的没什么两样。

英雄辈。事业东南西北。

不幸的是，我们绝大多数人行百里者半九十，鼠目寸光，急功近利，怎能不一败涂地呢？试问有多少人可以为了一根灯丝而敢于失败上千次，却永不放弃？有多少人可以为了化学实验而不惜弃家舍命、血肉横飞？又有多少人可以为了台上的一分钟而甘愿受十年之苦呢？爱迪生、诺贝尔、成龙做到了。成龙说他之所以有今天的成就，就是因为他给别人跑了近三十年龙套。俞敏洪在回顾他的人生经历时也不无感慨地说，原来所有的机会都是以失败为前提的：考上北大是因为高考考了三年。英语培训厉害，是因为连续四年想出国却拿不到全额奖学金，只好给别人做辅导课程。办新东方是因为偷偷在外兼课，被北大记过处分。"臭名昭著"只能离开……看来人只要有一颗不屈的灵魂、一颗昂扬乐观的心灵，脚下就必然会有别样的土地。

诗人说，面朝大海，春暖花开。

我愿，宁静致远，站着走路。

三、珍惜自己

岁月无限，生命若白驹过隙。不知多少个日日夜夜禁不住问自己：这一生是为何而来？活着到底为什么？我该追求什么？又失去了什么？

经常这样自我安慰：为我爱的人和爱我的人好好活着。其实拥有生命，就是上天对我们最大的恩赐。还记得那个耐人寻味的故事吗？古希腊大哲学家苏格拉底临终前，让他多年的得力助手替他找一个最优秀的关门弟子。得力助手找了很久却没有找到，惭愧地对奄奄一息的老师说："我真对不起您，让您失望了。"苏格拉底说："失望的是我，对不起的却是你自己……本来最优秀的就是你自己，只是你不敢相信，才把自己给忽略、给耽误、给丢失了……其实每个人都是最优秀的，差别就在于如何认识自己，如何发掘和重用自己……"话音未落，一代哲人就带着深深的遗憾离开了这个世界。我们为苏格拉底感到遗憾，更为他的得力助手感到深深的遗憾。他，正是因为没有认清自己，没有充分相信自己、肯定自己、珍惜自己，才错失了让自己变得更优秀的机遇。

正因为此，俞敏洪老师鼓励大家一定不要放弃，"寻找自己的生命和生命可能精彩的机会。"从现在起，珍惜我们所拥有的一切吧！

也许，只有重视光明的人才格外明白眼睛的重要，他会珍惜每一丝阳光的温暖，每一片落叶的色彩，每一盏路灯的光芒，还有身边每一张笑脸的灿烂。

也许，只有两耳失聪的人才会特别怀念枝头鸟儿的歌唱，林间山泉的叮咚，怀念出门前母亲的嘱咐，成功时朋友的赞美和失落时伙伴的安慰。

也许，只有同甘共苦、相濡以沫的两个人，才会倍加珍惜夕阳下的时光。当残阳顺着两位老人的银丝倾泻下来时，饱受风霜的容颜就会浮现出莲花般绚丽的笑容，干涸的眼睛对视时溢出"陪你一起慢慢变老"的默契与相知。

大千世界，每一个人都是一只蜗牛，每一个人都是一颗耀眼的星星。只要选择了正确的方向，奋斗十年、二十年，我相信，你我也能成为天才。

那么就请：

给每一朵花孕育果实的时间。

给每一条小溪奔涌向前的机会。

给每一个梦想放飞的舞台……

用爱心去引导

兰州市第八十一中学　孙　鹏

古希腊哲学家亚里士多德说：懂得如何启发，是教育的伟大本领。简短的一句话却包含着深刻的教育理念。其实，教育艺术所需要的就是正确地引导和启发学生。在我与孩子们长期交往的过程中，我发现引导和启发还应注意结合学生的年龄特点和兴趣爱好，更主要的是我们要心存爱意地去做这一切，包括孩子犯错误的时候。

阳光在校园中的白杨树上跳跃着，又透过枝叶洒了一地金辉。我沐浴着阳光走向教室，心里充满了甜蜜，又有一点紧张。

这天是孩子们开学的第一天，也是我为他们上的第一节课。推开教室的门，映入眼帘的却是这样的场面：几个学生追追打打，几个学生用铅笔敲打着课桌，有的玩学习用具，有的站在凳子上冲周围的同学做鬼脸……总之，乱糟糟的。难怪老师说，上低年级的课，就是难组织教学。调皮、松散，一节课下来累得够呛。

我的头皮开始发胀，笑容开始凋零，感到一股火在心中燃烧。我真想大吼一声，来个全班罚站。

这时，我忽然记起《教书育人》中的一段话：对年龄尚小的学生，利用老师对学生心理上的优势迫使学生听话，后果很不好，不仅仅损害了老师在学生心目中的形象，还伤害了学生幼小的心。

是啊！他们还是刚入校门的孩子，天真无邪、爱说爱动是他们的本性，我们小的时候不也是这样吗？

我调整好自己的情绪，笑容重新绽放，大声说："同学们，今天老师为大家请来一位客人，他是谁呢？"随即，我在黑板上画了一个他们喜欢的动画人物蓝猫大哥。可爱的蓝猫大哥立刻吸引了他们的注意力，教室里安静了许多。紧接着，我说："你们想和蓝猫大哥交朋友吗？""想！"小朋友们异口同声地回答。我把耳朵凑向黑板，故作神秘地说："来听听蓝猫是怎样说的？"这时全班同学都注视着我，明亮的眼睛闪着好奇和兴奋。我明白这一招奏效了。过了一会，我转身故意放大声音说："刚才蓝猫大哥让老师告诉你们，谁能上课认真听讲，用心动脑，主动学习，谁就能成为蓝猫大哥的朋友。"说来也怪，课堂秩序很快好转了，眼前出现一张张笑脸，孩子们争先恐后地举手发言，课堂气氛十分活跃。

走出教室，我的情绪也像阳光一样灿烂。

对主题班会的一点思考

中国科学院兰州分院中学　吴晋民

这几天的阅读使我产生了一些新的想法，班会课在班主任工作中应该是重要的一个环节，班会课让学生体验到校园生活的多姿多彩，让学生更爱班级，让学生在活动中成长。但是因为班主任的不重视，只关心成绩却很少关注学生的精神生活，还有老师工作中的惰性。不愿动脑、花心思等原因，让原本应该一周一节的班会课沦为了自习课、训话课，甚至直接挪作他用，真是很不应该。下面我总结一下班会课有哪些不得不开的优势。

一、提高学生综合素质

有利于提高学生的综合素质。班会课可以是班主任策划，学生主持，也可以由班主任指导学生干部准备、实施、总结。在这个过程中，班干部得到了较多的锻炼。而一个强有力的班干部团体是建设优秀班集体的重要保证。班会课中丰富的内容，不仅包含德育目标还应着眼于学生综合素质的提高。例如，学生道德素质、文化素质、身体素质、心理素质、审美素质等都可在活动中得到提升。

二、班会课不断促进班级人际交流

当今社会要求学生具有较强的人际交往能力。但是在学生繁忙的文化课学习中，这方面的能力并未得到很好的发展。丰富多彩的班级活动，给孩子们提供了更多交往、交流、了解的机会，有助于增进同学们的交往，加强合作，学习和提高人际交往的能力。良好的人际关系也有助于形成一个有较强凝聚力的班集体。

三、德育不再空洞

德育是班主任工作中少不了的一环，但是太多的德育都只有空洞的说教，让孩子们一想到德育就想到了班主任的训话。这也不符合孩子们的认知特点，要想内化某个观念，只靠说理是远远不够的，只能让孩子"知道"，但未必能够"做到"。只有孩子认同它，甚至能够"感悟"它，我们的教育才算是成功了。班会课就能够做到这一点，因为班会课一般不会只有简单的道理，而是为这个道理创设了一个情境、一个背景，让孩子在整个过程中有了思考与体验，有了感情的投入，这样得到的信息是深刻的、难忘的。

班会课我们应调整自己的工作思路，少一些说理，多一些思考和反思。把更多我们想表达的东西通过班会课呈现出来。把班会课变成一种常态，让班会课开成一个系列。我不会因为班会课没开好而郁闷，因为只要去做了就是成功，就会成为我日后教育生涯中的经验与财富。

教育是一个互相感动的过程

兰州外国语学校　张巩曦

夜深人静之时,翻看日历,距离中考也仅有一个月的时间了,回首过往的一千多个日夜,好像就是"一千零一夜"一般,和他们在一起的每一天都是不一样的,都是新鲜的,当然这其中,有苦闷,但更多的是欢乐;有失败的痛苦,更有成功的喜悦;有暂时的迷茫,更多的则是坚定向前的信念……

他们说:张老师,我们和您一起经历了您人生中的两件大事。回想一下,好像还真是如此:他们刚进校,正好赶上我迎娶自己美丽的新娘;他们初二时,我又迎接了一个新生命的到来。

他们说:张老师,我们在学校的几次重要的活动,您都不在我们身边。他们参加初中阶段的第一次运动会,我因为个人原因,并没有和他们在一起;他们参加初中阶段的最后一次艺术节,我还是不在他们身边。

他们说:张老师,当我们在操场上进行广播操比赛的时候,看着别的班都有班主任在后面和他们一起做,但您不在,我们感觉自己就像是没娘的孩子一样。可是,我们也只能默默承受,并在心里默默地祝福您。

他们说:张老师,当看着别班的同学都有班主任陪着排练节目时,您又中途退出了,我们仍然只能自己承担,同时在心里默默地祝福您。

他们说:张老师,看着您带着吟诵的学生准备晨会、准备演出、准备比赛、准备开放日的时候,看着您和他们谈笑风生的时候,我们是有多么的不情愿。

他们说:张老师,看着您因为我们犯错而生气的时候,我们的心里也很不是滋味,我们也不想出现类似的错误,只是有时候就是办不到。

……

回过头，再回忆起和你们的点点滴滴，其实你们每一个人，都在我的心里留下了深刻的印象，也许这就是首次效应吧。

最先看到的，不是你们每个人，而是你们的名字，因为在分班时，我最先拿到的，是你们的花名册。看着这一个个陌生的，但又充满着父母希望的名字，我也在设想着你们将和我一起度过怎样的一段初中生活。

我说：我将和你们一起，教育就是一种陪伴。但是，我食言了，我没能参加你们的第一次运动会，但是，我却最先知道了你们在运动场上的成绩，那一刻，或许我比你们更兴奋。同时，我也为你们的努力拼搏而骄傲。

我也没能参加你们初中阶段的最后一届艺术节，尽管你们没能取得太好的名次，尽管你们在看到我时，还在向我表示歉意。但是我想说，你们已经勇敢地展示了自己，而且，你们的口语不是很棒吗？所以，名次并不是最重要的，重要的是我们要敢于向世界展示自己。

我说：我要带着你们一起努力奋进，可是我也没有做得很好。因为学校还有其他工作需要我去完成，所以，并不是所有的时间我都能够充分地顾及你们。尽管有时你们做得还不尽如人意，但是，你们仍然用自己的表现赢得了老师的肯定。

回首过去，你们一直都在用自己的行动感动着我：看着你们在运动场上恣意地挥洒青春，看着你们在科技节上用自己的智慧创造精彩，看着你们在艺术节上用自己的舞蹈传承经典，看着你们在学习中点点滴滴的进步，看着你们努力提升自己薄弱学科的成绩，看着你们在最后的中考复习中的积极与勤奋，看着你们朝着自己的目标坚定前行的方向，这些无不让我感动。

这就是教育的魅力所在，教育就是一个互相感动、互相影响的过程。

课堂之外的教育

兰州市第十一中学　张小平

作为班主任，要想做好班级的教育管理工作，不只需要付出艰辛的劳动，还需要以百倍的细心、宽容和爱心来对待学生，不只是在课堂上的谆谆教导，还需要更多地在课下的付出，有时课堂外的工作远胜过课内的。

我班有一位同学，叫小军，他特别喜欢体育活动，而且还是学校足球队员，比赛场上的那种干劲令同学们赞叹不已。但是他在学习上可就令我头痛了，他上课无精打采，要么搞小动作，要么影响别人学习，提不起一点学习的兴趣；下课追逐打闹，喜欢动手动脚；值日不搞，作业不做，即使做了，也做不完整，书写相当潦草……每天都有学生跑来向我告状。于是，我找他谈话，希望他能为自己的将来打算，遵守学校的各项规章制度，按时完成作业，知错就改，争取进步，努力做一个老师喜欢、同学们喜欢的好学生。他开始是一副爱理不理的样子，后来虽然口头上勉强答应了我的要求，但过后他还是跟以前一个样，没什么变化。看到这种情况我都想放弃他，既然不听劝，又何必自己自讨苦吃呢？但后来自己仔细想想，家长把自己的孩子交给了你，你就要对他负责任，更何况自己又是班主任，还是要拉他一把，不能因有一点困难就退缩，或许他现在还没有真正认识到自己的错误，还没有意识到学习的重要性，没有真正想过要做一个老师、同学喜欢的学生的念头吧。在后来的工作、教育中我就更多地关注他，只要他有一点进步时，我就及时给予表扬和激励，经常在全班同学面前表扬他在足球场上的那种干劲，还有为班级争光的精神，让同学们向他学习，并告诉他："如果你在学习上也拿出这样的精神来，老师、同学们会更喜欢你的，难道不想吗？"使他处处感到老师在关心他、肯定他。

经过一段时间,在我们的共同努力下,他各方面都取得了不小进步,上课的时候能专心听讲,纪律方面也更规矩了,甚至自己也当起了值日生,成绩也有了进步,虽然不是很明显,总比以前有进步了。为此,在班上我重点表扬了他,还颁发了奖状,希望他能取得更好的成绩,在同学们的掌声中,他露出了自信的笑容。

当然,作为班主任,除了能细心发现问题、解决问题,还需要一颗宽容的心,有时宽容也是教育的一种手段。

一天自习课,我进教室后发现我们班有几位女生不在教室,而且其中居然还有班干部。当时我气不打一处来,平时反复强调自习课不能离开教室,可她们仍然违反纪律,于是我让同学去叫她们回来,自己则打算好好教育她们。

那几位女同学被叫回来后,我紧绷着脸,阴沉地踱到她们身旁。当我用目光扫视她们时,发现她们满头是汗,一个个都用小心翼翼的眼神看着我,不知该怎样承受我那一喷即出的怒火。望着那纯真的小脸,我忽然清醒了,人无完人,孰能无过。孩子们是纯洁无瑕的,他们的心如水晶般透明,她们会犯错,但她们是无心的呀!我的潜意识告诉我,她们可能已经知道自己错了,我应该用宽大的胸怀去接受她们,我不应该再严厉批评或惩罚她们了。于是,我调整了一下自己的状态,平静地说:"你们在自习课上跑出去,我想你们也认识到了自己的错误,我希望你们能向我解释一下跑出去的理由,我也相信你们以后不会再犯同样的错误。"

当时,一位女同学小声地说:"校园艺术节马上就要到了,我们想出个好节目,为班级争光,因此想利用自习课出去练练。对不起!老师,我们应该事先和您打招呼,让您失望了,我们保证以后不犯同样的错误了。"接着其他同学也说着"老师,我错了",连着好几个"对不起"。听完这些话我心里已经没有任何责怪她们的意思了,我想她们已经用行动告诉我,她们已经认识到了自己的错误。

老师的豁达、宽容能感化学生,促其反省,这比批评、训斥的作用要大得多。无意中的一次宽容让我深深感到,宽容也是一种教育。快乐更是师生同享。体验学生的成长是老师永恒的追求。当一件本该被谴责的事情戏剧性地转变成一次教育机会时，更会引起人心灵的震动，这就是宽容的魅力。

　　班主任是在纯真的心灵世界中播种耕耘的事业，我们需要以神圣的态度，细心关注学生，用宽容培育学生，用爱心感动学生，只要坚持，相信今日含苞欲放的花蕾，明日一定能盛开绚丽的花朵。

用爱播种希望，用心放飞理想

兰州市外国语学校　张巩曦

作为一名青年教师，深感肩上的责任之重大。"师者，所以传道受业解惑也。"教师作为人类灵魂的工程师，不仅是学生增长知识的导师，也是人类思想文化的传播者、各种人才的培养者，更是道德的引导者、思想的启迪者、心灵世界的开拓者、理想信念的塑造者。

要做一名好教师，首先必须有敬业精神，要毕生忠诚于教育事业。其次，要用真爱去关心学生。学生的确存在差异，教师要因材施教，要倾注全部的爱去发现他们学习上点滴的进步，去寻找他们生活、品德上每一个闪光点，加以充分的肯定和激励，让他们感到温暖，增强自信，从而缩小师生间心灵上的距离，使他们产生"向师性"。这样，他就会把教师当成知心朋友，愿意向教师敞开心扉，愿意接受教师如何学习和如何做人的指导。教师，是学生学习和效仿的榜样和楷模，身教重于言教，孔子曰："其身正，不令则行；其身不正，虽令不从。"因此幽默风趣的谈吐，得体大方的着装，亲切热忱的态度，扎实渊博的知识，犹如和煦的阳光照射到学生的心灵上，使他们感到温暖、舒畅、轻松。融洽的师生关系可提高学生的学习效率，从而使其产生对教师的信任感、尊敬感，即"亲其师，信其道"。

一个合格的教师，要有良好的师德。教师道德本身就是一种强有力的教育因素。教师的思想、品格、言行，以及教师对社会事物所持的态度，都会这样那样地影响学生。因此，教师在履行职责的过程中，必须对自己提出较高的道德要求，要严于律己。自我认识、自我评价、自我激励、自我强化，使自身的师德修养更加完善。

我们不仅要热爱自己的工作，还要热爱自己的学生。这两个方面是互相联系的。冰心老人曾经说过这样一句话："爱是教育的基础，是老师教育的源泉，有爱便有了一切。"热爱学生是教师的天职，没有爱，就没有真正的教育，就不可能有良好的教育效果，教师的一言一行在教育过程中对学生起着非常重要的作用。踏上三尺讲台，我正为实现这一切而努力着。热爱学生，首先要关心学生、了解学生、亲近学生，主动在教育者和被教育者之间建立感情的桥梁。感情的影响不仅仅是一种教育手段，它本身就是一种巨大的教育力量。热爱学生，还应当尊重学生，失去了尊重，就不可能建立师生之间的相互信任，而没有这种信任，就失去教育得以进行的基础。

同时我悟出：教师应用尊重、真诚、理解的心去热爱每一片绿叶，让每一片绿叶上都洒满阳光，让每一片绿叶上都有跳跃的音符。"走进学生，走进学生的心灵吧！"

印度诗人泰戈尔在诗中写道："花的事业是甜蜜的，果的事业是珍贵的，让我干叶的事业吧。因为叶总是谦逊地垂着她的绿荫。"的确，我也是一片平凡的绿叶，虽平凡但无悔，虽平凡但无私。从踏上三尺讲台的第一天，我便有一个执着的信念：全身心投入教育事业，努力工作，不断进取，尽我所能，让每一个学生成人，让每一个家长放心。

掌声是爱，宽容是爱，真诚是爱，热情是爱……爱，如一条条金色的丝线穿梭在我和学生的心灵中间，发散着动人的光彩。于是，孩子们把许多溢美之词给了我。在他们的作文里，我是榜样、是典范，我受之有愧，因为我所做的实在平凡而普通。于是，孩子们把最美好的祝福给了我，在他们的信中，我是美丽、乐观、健康的代名词，我万分感动，因为这是一份多么深厚的爱呀！

静下心来的时候，我们更明白，其实，我们平时的所作所为更多的是来自良心。有人说，教师就是一种良心的职业。是的，只有我们做教师的人才能体会到，教师的工作不能用简单的时间和量来衡量，学生占据你的不只是时间，还有你的思想和灵魂。

我们时刻牢记那间教室里放飞的是希望，守巢的是自己；那块黑板写下的是真理，擦去的是功利；那根粉笔画出的是彩虹，流下的是泪滴。奉献的是自己，奉献爱，去收获一种人生额外的幸福！人们常说，教师是蜡烛，照亮别人；我们更认为，教师像熊熊燃烧的火炬，其中有学生给予的光焰，当我们辛勤的工作日见成效，当我们发现孩子们一个小小的进步时，无不为之欣慰舒心，这样巨大的幸福感难道还不够吗？

我不是诗人，能够用诗的语言描绘师生关系的微妙；我也不是画家，能够泼墨丹青，全神地勾勒师生相处时的面貌；我更不是个作家，能够以华丽的辞藻形容师生相互关爱的一朝一夕，但我可以说，只要有一份至真至诚的爱，就可以把我们的工作做得问心无愧。

因为年轻，便有好多好多离奇的思绪；因为年轻，便有好多好多美妙的幻想。年轻的翅膀好绚丽，年轻的翅膀想飞翔。

一个人的生命是有限的，而我们的教育事业是常青的。让我的爱在学生身上延续，我的价值在学生身上体现。我无悔于我的生命，更无悔于我的选择，在这三尺讲台上，阅历春秋，苦苦耕耘，就让我的爱在这里继续延伸，用心放飞学生的理想。

后 记

　　思考生命，生命因为简单而美好，海纳百川，有容乃大；壁立千仞，无欲则刚。我们在班级和学生的管理与教育活动当中，是否该多一些对生命的思考？唯有生命尊重生命，生命敬畏生命，自然才会更美好。和谐共存，正是我们在未来教育的一个方向。

　　审视生活，我们的教育为生活带来了哪些呢？当成绩不那么重要的时候，每个人都会吃惊地发现，原来我们的教育还可以更加丰富多彩！感恩、孝亲、劳动、审美，甚至连洗菜做饭都该是教育所必须，能力培养，正是我们该补足的一课。

　　静观成长，其实成长就是春耕、夏耘、秋收、冬藏，遵循着教育规律和人的发展规律顺势而为，我们能够做的，是敬畏和尊重那些规律，急不得也燥不得，依律成长，在教育中我们能够找到更多的课题。

　　班主任工作，繁乱而丰富，既然是针对人的教育，就需要耐住性子，静下心来去理清头绪，更需要胸怀宽广、仁爱慈悲地润物无声，我们仍在思考，我们还在路上。

　　我们还会继续努力，不负那些辛勤的汗水和帮助过我们的朋友！

郭　浩
写于金城兰州